JAN KRUSE

De taal van de Europeanen

Attitudes bij taalcontact met Engels en een dialect

Verlag Dirk Koentopp

Kruse, Jan:
De taal van de Europeanen
Attitudes bij taalcontact met Engels en een dialect
Osnabrück: Verlag Dirk Koentopp, 2007
ISBN-10: 3-938342-08-0
ISBN-13: 978-3-938342-08-4

Titelfoto: Jan Kruse

ISBN-10: 3-938342-08-0
ISBN-13: 978-3-938342-08-4

Herstellung: Books on Demand GmbH
Printed in Germany

INHOUD

AFKORTINGEN:

ATT	Attitude
L2	Tweede taal
EFL	English as a foreign language
ESL	English as a second language
ENL	English as a native language
EOL	English as an official language
EngE	De Engelse standaardtaal
UsE	De Amerikaanse standaardtaal
AusE	De Australische standaardtaal
EuropE	De op het Europese vasteland gesproken variant van het engels als tweede taal
JapE	De in Japan gesproken variant van het Engels als tweede taal

ABSTRACT

Diese Veröffentlichung ist als Magisterarbeit an der Universität Leiden, Niederlande, entstanden und wurde von Prof. P. C. M. Muysken betreut.
Kern der vorliegenden Arbeit ist eine Attitüde-Untersuchung, die an jeweils einer Schule in Deutschland, Belgien und den Niederlanden durchgeführt werden sollte und an einer Schule in Deutschland durchgeführt wurde. Es ist dadurch ein Bild von Attitüden entstanden, das von Jugendlichen aus Westdeutschland geprägt ist. Die statistische Erhebung ist nicht als repräsentativ anzusehen und dient in dieser Arbeit der beispielhaften Belegung und Erklärung von Thesen und Zusammenhängen.
Neben einer Begriffsklärung des Terminus „Attitüde", die auch den Bereich der Vorhersagbarkeit menschlichen Verhaltens aufgrund von Attitüden behandelt, wird die Sprachkontaktsituation beschrieben, in der sich Jugendliche in Europa befinden. Dabei geht es in erster Linie um den Konflikt zwischen der Muttersprache und dem Englischen. Die unterschiedlichen Sprachen werden als Sprachebenen bezeichnet, denen eine bestimmte Haltung entgegengebracht wird. Der Zusammenhang zwischen den beiden Bereichen Sprachniveaus und Sprachattitüden wird in der Behandlung der Frage hergestellt, welche Rolle die Attitüden oder Einstellungen, die die beiden Bereiche miteinander verbinden, spielen.

1. INLEIDING

Deze tekst werd geschreven als eindscriptie aan de Universiteit Leiden en werd begeleid door Prof. P. C. M. Muysken.
Het indringen van vreemde talen in het persoonlijke leven en taalgebruik is voor vele mensen alledaags besef. Naarmate de westerse maatschappijen sterker zijn ingebed in een globale communicatiestructuur, die niet alleen door enkele avontuurlijke individuen worden gehandhaafd, maar waarvan via de massamedia en door massavakantie en de toenemende internationalisering van het beroepsleven grote bevolkingsgroepen deel van uit maken.
Vaak hoorde men het iemand aankondigen als hij een Engelstalig woord in een zin ging invoegen. Er was dan sprake van het zogenaamd "Nieuw-Duits". Het betreffende woord werd meestal zonder moeite grammaticaal en fonologisch aan het Duits aangepast. Inmiddels hoeft deze waarschuwing niet meer. Engelse woorden hebben een vanzelfsprekende waarde in de Duitse en ook Nederlandse

standaardtaal aangenomen[1]. Dit is omdat de sprekers ten dele geen gelijkwaardig woord in hun taal hebben gecreëerd of omdat ze een anderstalig woord stoerder of gewoon prestigieuzer vinden. Er zijn wel goede argumenten voor en tegen het angliseren van een taal. Wickert bijvoorbeeld citeert met betrekking tot de situatie in Frankrijk en het daar gemanifesteerde taalpurisme de Franse wet voor de schoonheid van de franse taal:

> "Das größte aller Verbrechen ist der Mord and der Sprache einer Nation. Es gibt viele Arten der Kolonisation, die schlimmste ist die innere Entfremdung von der eigenen Kultur, der eigenen Sprache [...]."[2]

Aan de andere kant staan bijvoorbeeld de voordelen van het ontstaan van een internationale terminologie.

Evenzo zijn er soortgelijke dialectale invloeden in de standaardtaal terug te vinden. Echter, er schijnt van deze kant geen bedreiging voor de nationale taal te komen. En toch bestaat ook daar soms een situatie van concurrentie. Een voorbeeld zou de discussie kunnen zijn of het Amsterdams nog wel voor het Standaardnederlands zou mogen staan of of er misschien andere variëteiten de rug moet worden gesterkt zoals bijvoorbeeld het Antwerps. Voor mij dook de vraag op in hoeverre het indringen van hele talen in het alledaagse linguïstieke leven van de mensen te beoordelen is en door deze mensen beoordeeld wordt. De politieke en maatschappelijke ontwikkelingen in de landen van de Europese Unie laat een meertalige omgeving voor de Europese burgers ontstaan, die van te voren, doordat de politieke en linguïstieke grenzen op het continent vaak overeenstemmen, geen al te grote invloed op het leven van de burgers heeft. Aan de ene kant staat de invloed van het Engels door het internationaliseren van de maatschappijen en vooral van de Europese[3]. Aan de andere kant is een antinationale ontwikkeling te zien, die, wat de talen betreft, een sterkende invloed op de regionale varianten en de dialecten van de standaardtalen heeft.[4] Dit stemt soms met het oog op de diversiteit van de culturele structuur van een meertalig Europa overeen.

---

[1]Bijvoorbeeld: "Hij was even bezig met het saven van het bestand.", gevonden in een stadsdeelkrant.

[2]Wickert, U: 1989

[3]Swaan, A. de: 1998 & 1999

[4]Zie bijvoorbeeld de ontwikkelingen in Limburg voor het verkrijgen van het status als herkende Europees taalvarieteit.

> "Engels als Lingua Franca [...] zou in principe iets zijn, wat men in Europa niet nodig heeft, omdat het in de taalrealiteit niet wordt weerspiegeld. Dit zou acceptantie-Alzheimer zijn."[5]

Door de aanwezigheid van het Engels ontstaat een bijzondere, misschien Europese[6] vorm van taalcontact. Daarbij gaat het met name om de verhouding ten opzichte van het Engels, omdat het aan de ene kant de taal van Europa lijkt te worden en tegelijkertijd niet bij uitstek tot dit multilinguale gebied behoort. De veeltaligheid van de EU en de rol van het Engels daarin wordt vaak als een van de fascinerendste uitdagingen van de hedendaagse taalpolitiek gezien.
Soms lijkt dit wel tegenstrijdig omdat vaak gedacht wordt dat het aannemen van het Engels als mogelijke Lingua Franca in tegenspraak met het behoud van een meertalig Europa zou moeten zijn. Deze stromingen vinden tegelijkertijd plaats en hoeven elkaar niet uit te sluiten. De invloeden uit andere talen zijn slechts de aanleiding om te vragen hoe het met de houdingen ten opzichte van de linguïstieke niveaus oftewel de talen zit. In toenemende mate wordt niet alleen verwacht dat de bevolking van de Europese landen enkele begrippen kan begrijpen, zoals "Shareholder Value", "Professionals" of "Real Estate Management", maar ook dat in een verder gedenationaliseerde levens- en werkomgeving het Engels als voertaal begrepen en ook gesproken wordt.
Om te weten hoe de mensen met deze verwachtingen omgaan, om hun gedrag beter te kunnen voorspellen en hun neigingen te kennen, moet men onder andere weten, met welke houding zij tegen een bepaald object aankijken, dat ik dit geval een sociaal object, een taal is. Als zij zijn bereid om het Engels als tweede of zelfs als eerste taal te accepteren, zal dan in de toekomst van de standaardtalen kunnen worden afgezien? Of moet de standaardtaal "alleen nog" als omgangstaal in een privé en regionaal beperkte omgeving gebruikt worden? Welke domeinen zouden voor de dialecten moeten overblijven? Wat zijn dus de houdingen ten opzichte van de drie taalniveaus die jongeren tegenwoordig hebben? Bij deze vragen gaat het om niveaus waarmee de taalpolitiek en de onderwijspolitiek rekening moeten houden.

---

[5]Hans Günther Brüske, 13 april 1995, geciteerd volgens Hahn, O: 1997, p.137
[6]Zie daarvoor verder hoofdstuk 5

„There is no declared language policy as yet“[7]

De taalpolitiek van de Europese Unie wordt naar mijn indruk meer door noodzakelijkheden op de korte termijn bepaald dan door een langdurige en goed geplande organisatie. In de jaren negentig werd begin gemaakt[8] met een Europees taalbeleid en stonden de bescherming van minderheden, decentralisatie als rechtszekerheid en meertalig opleiding centraal[9]. Ook vormt dit nog geen multilinguaal model, omdat een oplossing van het Europese taalconflict altijd complex en divers zou zijn, zoals door de geschiedenis van het continent duidelijk wordt. Er is een situationele en adaptieve taalpolitiek nodig. Wel werd er in 2002 een richtsnoer voor een taalbeleid geformuleerd, het drie-talen-model. Deze korte passage uit het "Amtsblatt der europäischen Gemeinschaften" luidt:

> "Sprachkenntnisse gehören zu den Grundfertigkeiten, die das Europa der Wissensgesellschaft erfordert, im Allgemeinen sollte jeder zwei Fremdsprachen sprechen können."

dit werd samengevat in twee paragrafen:

> "A. Kernpunkte:
> 1. Jeden ermutigen, neben der eigenen Muttersprache zwei oder gegebenenfalls mehr Sprachen zu erlernen und das Bewusstsein für die Wichtigkeit des Erlernens fremder Sprachen bei Menschen aller Altersstufen zu schärfen.
> 2. Schulen und Ausbildungsstätten zur Anwendung effizienter Lehr- und Ausbildungsmethoden ermutigen und für die Weiterführung des Sprachenlernens auch in späteren Lebensphasen geben."[10]

De reactie van Bliesener daarop is: "This official recommendation is a bit out of touch with reality"[11]

---

[7]Bliesener, *In*: Ahrens 2003, p. 78

[8] Nelde (2003) wijst op de verscheidenheid van de woorden, taalpolitiek, taalbeleid en taalplanning. Niet alle talen maken een verschil tussen beleid en politiek. In het Duits bestaat b.v. daar alleen maar het woord "Sprachpolitik" voor.

[9] Nelde, H. P.: 2003, p. 428 pp.

[10]Amtsblatt der europäischen Gemeinschaften, C142, 2002, p. 14 f.

In de loop van de jaren is aan de ene kant een reusachtig vertalingssysteem ontstaan, waardoor de communicatie van de 23 officiële talen van de Europese Unie wordt gehandhaafd. Aan de andere kant bestaat er geen overeenstemming over de rol die de verschillende talen binnen het samenwerkingsverband mogen spelen. Een teken daarvoor was bijvoorbeeld de strijd over het Duits als onderhandelingstaal tijdens het Finse voorzitterschap van de Europese Unie in 2000. De daarover gevoerde discussie liet ook zien, hoe zeer de houdingen ten opzichte van de talen en de identificatiewaarde in verband daarmee een rol gaan spelen.
In het economisch leven heeft het gebruik van het Engels zich snel en zonder al te veel weerstand als werktaal van ("Verständigungssprache") doorgezet. Toch dienen zich de eerste tekenen van een talige "tegenbeweging"[12] aan.
In de internationale cultuurpolitiek en op de vloeren van de Europese instituties, waar het Frans reeds langer als communicatiemiddel wordt gebruikt[13], wordt sterker op de talige afkomst van de mensen gelet. Dit gebeurt niet zonder moeilijkheden, zoals in het onderzoek over het Duits-Franse televisieprogramma ARTE na is te lezen[14].
Onafhankelijk van de actuele inhoud van de communicatie bleek uit een groot aantal events en studies dat de diverse gebruikte talen geen neutraal medium voor communicatie zijn[15]. Welke taal door wie en om welke redenen in welke situatie wordt gebruikt zijn belangrijke vragen. Taal is als identificatiemiddel buitengewoon belangrijk en wordt vaak voor de regionale vertegenwoordiging als argument gebruikt[16]. Vaak is de waardering van een taal of van een dialect niet afhankelijk van een bepaalde talige competentie, maar van gevoelens.
De houdingen ten opzichte van sociologische objecten, waarvan een taal er een is, worden attitudes genoemd. Om dergelijke attitudes ten opzichte van taalniveaus en de samenhang met het Europese taalcontact gaat het in deze scriptie. De taalniveaus zijn die van de supranationale taal Engels, die van de moedertalen, die in de meeste gevallen de standaardtalen van de landen zijn, en die van de dialecten. Verder zal ik

---

[11]Bliesener, *In*: Ahrens 2003, p. 78
[12]Graddol et al.: "English around the world." *In:* Graddol / Meinhof: 1999
[13] Het Frans was vanaf het begin en vooral voor het bijkomen van Engeland en Ierland bij de Europese Unie de taal van de Montaanunie, de voorganger van de EU. Verder zijn nog vele belangrijke instituties in Frankrijk of het Franstalige België en Luxemburg geplaatst (bv. Brussel, Straatsburg, Luxemburg als de drie bureaucratische centrums)
[14]Hahn, O:1997
[15]Sachdev, I. / Bourhis R.: 1990
[16]Bv.: Limburg

enkele overwegingen over de waarde van attitudes en taalcontact invoegen, omdat deze onderwerpen nauw met de bovengenoemde situatie samenhangen.

In de afgelopen jaren werd in de Europese administratie de noodzaak van een gemeenschappelijk taalbeleid erkend. Vooral door het toetreden van meer Oost-Europese landen is het aantal van mogelijke taalcombinaties tot meer dan 200 gestegen.[17] Toch lijkt dit onderwerp door de Europese parlementariërs nog niet voldoende erkend te worden en wordt de organisatie van meertaligheid vooral aan de Europese bureaucratie en de markt overgelaten. Volgens Huiping[18] werkt deze Europese "taalpolitiek", die op conflictvermijding gemunt is, goed: "[...] daher halte ich eine umfassende systematische Reform des Sprachenregimes anlässlich der Osterweiterung für unnötig".[19] In deze scriptie zal ik onder ander uitleggen, dat een houding als deze voor de Europese situatie niet van toepassing kan zijn. Zowel om economische redenen als om ecologische redenen zal deze politiek van conflictvermijding tot een chaos leiden, waaruit de sterkste als winnaar voortkomt. Dit zou zeker de taal met het grootste kapitaal in de achtergrond worden, het Engels. Een dergelijke ontwikkeling is puur toeval en afhankelijk van het overheersende politiek-economische systeem. Een duurzaam taalbeleid zou zich moeten richten naar academische en rationele overwegingen.

> "To date, the field of language planning at alle levels has received insufficient academic attention"[20]

Aan de andere kant moeten er wel linguïstische kanttekeningen worden gezet. Ten eerste omdat de Europese taalsituatie bijzonder interessant is en ten tweede, om de bouwstenen voor een goed taalbeleid te kunnen geven. De aandacht van deskundigen groeit wel en in toenemende mate wordt de heel Europa betreffende taalsituatie door taal- en cultuurwetenschappers erkend en ontdekt. Maar vaak komt het niet verder dan tot een eerste begin Er zijn zodoende algemene beschouwingen te vinden als die van Abraham de Swaan of Theo van Els. Verder zijn er typologische onderzoeken als die van Konrad Ehlich en nog enkele

[17]Nelde, H. P.: 2003, p. 417
[18]Huiping Wu: *In*: Hoberg, R.: 2005
[19]ebd., p. 197
[20]Nic Craith, M.: 2006, p. 182, vergelijk ook APPENDIX 2

attitudeonderzoeken als die van Jeffra Fleitz. Onderzoeken die zich met het ontstane taalcontact bezighouden zijn er niet of nauwelijks (wel interferentieonderzoeken als die van Hermann Fink, Liane Fias en Danielle Schons), evenmin als algemene onderzoeken over de mediale invloed op het taalcontact met het Engels. Deze invloed wordt weliswaar opgemerkt maar er wordt niet nagegaan wat de gevolgen ervan zijn (wel zijn er onderzoeken die deze problematiek even aanroeren, zoals het onderzoek over het gebruik van het Engels voor reclame van Marinel Gerritsen).

Na deze inleiding zal ik in het tweede hoofdstuk beginnen met het uitwerken van definities van de voor deze scriptie belangrijke begrippen “attitude” en “taalniveau”.
In het derde hoofdstuk komt de voorspelbaarheidwaarde van attitudes aan de orde. Ik ga op andere onderzoeken in en zal mij vooral op een analytisch model van de taalwetenschappers Jaespert en Kroon concentreren. In het vierde hoofdstuk ga ik in op taalcontact en meertaligheid en in het bijzonder op de vormen van contact, conflict en diglossie die in Europa zouden kunnen ontstaan. In het vijfde hoofdstuk gaat het om het verschijnsel van het Engels in de wereld en met name in Europa en de mogelijke typologische gevolgen voor de streken waar het Engels als tweede taal een rol speelt. De modellen van het vorige hoofdstuk worden hier aan de Europese situatie aangepast en er wordt een voorbeeld van de omgang met de taal door media-instellingen gegeven.
In de laatste delen zes en zeven zal het onderzoek worden beschreven, voor zover dit kon worden uitgevoerd. Daar gaat het dan ook over de vraagstelling die tot het onderzoek leidde en worden de omstandigheden beschreven waaronder het onderzoek werd uitgevoerd.
Daarna volgt een slotbeschouwing, een samenvatting en een samenvoeging van de beschreven onderwerpen. Er zal een perspectief op de problematiek worden omschreven.

~

Mijn dank gaat uit naar Pieter C. M. Muysken, Steven J. Hagers, Jan G. Kooij, Roeland W. N. M. van Hout, Crit Cremers, Vincent J. J. P. van Heuven, Barbara E. Schoening, Christof Paul, Klaus Schikowski, Romeike Karius, Sabine Ulbrich, Uschi Kruse, Katrin Kruse, Matti Kruse, Lina von Spack, Stefan Rosenow, Anke

Ridderikhof, René Wezel, Stephanie Benyr, en de klassen 10a en 10b (schooljaar 2000/2001) van het Gutenberg-Gymnasium te Bergheim.

Soms had ik het gevoel dat deze scriptie wel zonder mij kon zijn ontstaan maar zonder jullie nooit.
Dank je wel!

2. VAKTERMEN

2.1. DIALECT, STANDAARDTAAL EN HET ENGELS

Het begrip "dialect" is afkomstig van het Grieks woord *diálectos (phoné)*. De vertaling daarvan betekent "de in de omgang gesproken taal". Daarmee wordt een taalsysteem benoemd dat als een regionaal gebonden variant een hele sterke overeenkomst vertoont met andere taalsystemen in de omgeving. De sprekers van deze in een streek voorkomende dialecten zijn in staat om elkaar te begrijpen. Dialecten hebben meestal geen gestandaardiseerde schrijftaal ontwikkeld. Ook andere normeringen staan in een sterkere samenhang met de eisen van een omgangstaal dan met een uniform georganiseerde verspreiding van de taal. In dit werkstuk wordt het dialect als het concept beschouwd, dat de informanten hebben als zij op de naam van het dialect worden aangesproken. In dit geval is dit het "Kölsch". Aan de ene kant is dit wel een problematische stelling, omdat nog niet nauwkeurig is getoetst, of bij de lokale variant van de standaardtaal überhaupt nog sprake van een dialect kan zijn. Verder wordt ook niet bepaald hoe de linguïstische grens tussen dialect en een variant van de standaardtaal (regiolect) is gedefinieerd. Regiolecten zijn regionaal gebonden varianten van de standaardtaal die meestal fonologisch het sterkst van de standaardtaal afwijken. Hun oorsprong ligt vaak bij het indringen van de interregionale standaardtalen in een dialectgebied. Het is niet met zekerheid te zeggen of de ondervraagde leerlingen inderdaad met betrekking tot hun dialect antwoord geven of toch meer met betrekking tot het plaatselijke regiolect.

Omdat het mij om het regionale referentiepunt gaat is het voor dit werkstuk niet van beslissend belang of het oordeel van de informanten op het dialect of het regiolect van de stad is gebaseerd, als het regionale referentiepunt maar duidelijk blijft. Dit zou door de benoeming met de niet verwisselbare naam van het dialect gewaarborgd moeten zijn.

Met de standaardtaal wordt de historisch gelegitimeerde, interregionale, mondelinge en schriftelijke taalvorm van de sociale middenklasse bedoeld[21]. Deze is vooral met betrekking tot de spelling, de grammatica en in mindere mate de fonologie genormeerd. Als openbaar communicatiemiddel wordt de standaardtaal vooral door

---

[21] Bußmann, H.: "Lexikon der Sprachwissenschaft". Stuttgart:Kröner, 1990

de mediale instellingen en het onderwijs verspreid en gecontroleerd. In dit onderzoek werd als standaardtaal de taal van de nieuwsprogramma´s van de landen (in dit geval van Duitsland) op de televisie bedoeld. Dit is de talige codering, waarbij men niet of nauwelijks kan horen waar de spreker zijn taal heeft verworven. In Duitsland is dit het zogenoemde "Hochdeutsch". Op deze manier werd dit begrip ook aan de informanten, die de vragenlijst hebben ingevuld, uitgelegd.

Als Engels wordt het Engelse en Amerikaanse Standaardengels beschouwd zoals het in de ENL-landen wordt gesproken en door de media wordt uitgezonden, alsook de variaties van andere L2-sprekers, als het maar meer dan leenwoorden of citaten zijn. Verder wordt er van gelijkwaardige lees- en spreekcompetentie uitgegaan.

2.2. TAALNIVEAUS

De objecten van de hier onderzochte attitudes zijn drie verschillende taalvariëteiten. De hier besproken talen zal ik als taalniveaus kenmerken. Daarmee zou aan deze een gelijkwaardigheid kunnen worden toegekend die niet zo maar kan worden vastgesteld als men slechts naar het verschil tussen het Engels als 2e taal aan de ene kant en de standaardtaal / regionale variant als 1e taal aan de andere kant kijkt. Er bestaat een duidelijk linguïstiek verschil met betrekking tot de gebruiksdomeinen (verschillende referentiekaders). Voor de houding ten opzichte van deze niveaus is dit echter niet problematisch. Volgens mij kunnen deze niveaus´s goed als gelijkwaardig worden gezien, omdat ook met de verschillende domeinen van de taalniveaus rekening wordt gehouden. De informantengroep bestaat zowel uit leerlingen die het dialect kunnen spreken, maar geen of slechts onvoldoende kennis van het Engels aan kunnen tonen, als uit leerlingen die de taalvariant van de regio niet communicatief kunnen gebruiken.

Volgens de Swaan (1999) zijn de talen van de wereld in vier niveaus in te delen (zie figuur 1). Op het eerste niveau staan de lokale talen. Dat zijn die talen die voornamelijk een orale traditie hebben, nauwelijks of helemaal geen geschreven vorm van communicatie of overlevering kennen en in de eerste plaats heel erg aan de lokale omstandigheden zijn gebonden. Daarbij behoren ook de dialecten, zoals bijvoorbeeld het Kölsch, zoals het in Bergheim wordt gesproken. Op het tweede niveau bevinden zich de centrale talen. Dit zijn vaak ook nationale talen met een officiële status. Het zijn geschreven en gedrukte talen met een vastgelegde, gestandaardiseerde grammatica zoals het Duits in Duitsland of het Nederlands in Nederland en België. Het volgende niveau wordt bepaald door de zogenoemde supercentrale talen. Dit is een bepaalde groep centrale talen met een communicatiewaarde die boven het oorspronkelijke taalgebied uit gaat en bijvoorbeeld grensoverschrijdende communicatie mogelijk maakt. Hiertoe behoren dus talen als het Chinees of het Engels, maar ook het Frans of Spaans en in beperktere mate het Duits en het Nederlands. Deze talen hebben hun status vooral aan het koloniale tijdperk ontleend. Volgens de Swaan telt deze groep ongeveer 10 talen. Op het "bovenste" niveau staat een taal die het vermogen heeft de supercentrale talen met elkaar te verbinden, de hypercentrale taal. Dat is tegenwoordig het Engels in zijn functie als "Lingua Franca". Deze taal legt in termen van communicatiewaarde de verbinding tussen alle talen ter wereld. De sterkste verbinding oftewel de sterkste concurrentie bestaat tussen talen van het volgende of voorafgaande niveau. Op zich bestaat er dus nauwelijks een concurrentieverband tussen het Kölsch en het Engels, omdat beide talen meestal in heel verschillende domeinen worden gebruikt die elkaar niet in de weg staan. Wel is er sprake van contact met de standaardtaal, de basistaal waarvan in dit onderzoek wordt uitgegaan. Wij hebben dus te maken met een typische vraag die een gevolg van de vaak genoemde globalisering is, de "global constellation of languages"[22]. De vragen in verband hiermee zijn: in hoeverre neemt de globale of in dit geval de super- en hypercentrale taal domeinen van andere taalniveaus over en wat is de houding van de spreker ten opzichte hiervan?

[22] Swaan, A. de: 1998, p. 9

De door de Swaan opgestelde constellatie is in figuur 1 afgebeeld:

Figuur 1.

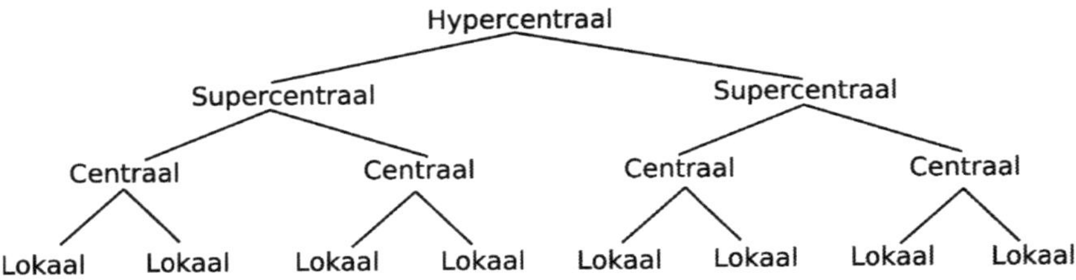

2.3. ATTITUDE – DE EVALUATIEVE EN COGNITIEVE KANT

Het woord attitude komt van de Latijnse woorden "aptitudo" (bereidheid, neiging) en "actus" (actie, gedrag).[23]

In de sociologie speelt het attitudeonderzoek een grote rol en neemt vooral de sociale psychologie een centrale positie in.[24] In het begin was men sterk van mening dat attitudemetingen een van de meest belangrijke vormen zouden zijn om menselijk gedrag te verklaren of te voorspellen.[25] Het onderzoeken van attitudes werd het voornaamste onderwerp van de hele sociale psychologie. Ik wil nu graag proberen een definitie voor deze term te formuleren. Daarbij gaat het er vooral om de bijzonderheid van taalattitudes en de wezenlijke componenten die in de begripsdefinitie voorkomen te beschrijven.

Attitudes maken deel uit van de communicatieve competentie van de deelnemers van een taalgemeenschap.

> "In een functioneel perspectief vormen attitudes de centrale verbinding tussen aanpassing van een individu aan de maatschappij en de zelfverwezenlijking van het individu."[26]

---

[23]Bayer, Lenka 2003, p.20
[24]Mertens/Grumbkof 1992, Knops 1987, Pligt vd 1995, Oller/Hudson 1977
[25]Knops U.: 1987
[26]Bayer, L: 2003, p. 22

Attitudes hebben als waardering van talen met vooroordelen te maken. Het begrip wordt op verschillende wijzen geïnterpreteerd en is misschien ook wel de meest omstreden term die in dit onderzoek een rol speelt. Een van de meest geciteerde definities is afkomstig van Allport[27]. Volgens hem is een attitude

> "a mental and neural state of readiness, organizes through experience, exerting a direct or dynamic influence upon the individual's response to all subjects and situations with which is related."

Uus Knops biedt een algemenere basisdefinitie aan. Volgens hem zijn attitudes in principe "mental constructs offering an explanation for consistency in behaviour"[28]. Hier niet meer zo duidelijk, maar toch aanwezig, staat het verband tussen attitude en gedrag. Cor van Bree geeft een andere formulering voor een definitie van taalattitude. Volgens hem heeft het te maken met een

> "emotiegeladen idee omtrent taal of taalgebruik dat de neiging heeft, zich in taalgedrag (of andersoortig gedrag) te manifesteren"[29].

Een van de belangrijke dingen in het sociaalwetenschappelijk onderzoek is de voorspelbaarheid van de menselijke daden met betrekking tot een mentale en sociale status. Daarom speelt voor de meeste onderzoekers de voorspelbaarheidkracht van attitudes een grote rol. Knops en Hout (1988) stellen dat attitudes ooit in de sociolinguïstiek werden ingevoerd om taalgedrag beter te kunnen verklaren, als dit alleen maar door middel van sociale en situationele factoren mogelijk zou zijn. Maar het antwoord op de vraag naar de voorspellingskracht van attitudes hoeft niet van principieel belang voor het attitudeonderzoek te zijn. Ik zal daar in hoofdstuk 3 dieper op ingaan. De zienswijze van mensen op de wereld en hun meningen daarover kennen vormt een noodzakelijk onderdeel van het nemen van beslissingen in de samenleving en voor het individu zelf, wiens handelingen natuurlijk door een grote bundel van omstandigheden worden bepaald. Zoals ik later zal laten zien, kan deze stelling wel

---

[27] Allport G.W.: "Attitudes" . *In:* Murchinson, C. (ed.) A handbook of social psychology, Worcester:Clark UP, 1935. Citeert volgens Münsterman/Hout 1988, p. 174

[28] Knops, U. /Hout, R.v.: 1988, p 158.

[29] Bree, C. van: (Syllabus), Opleiding Nederlands, Universiteit Leiden, 2000

in een model worden gerelativeerd. Het vergelijken van de representaties van iemand of van groepen met de meetbare werkelijkheid is voor onderzoekers ook een bron om de invloeden op het gedrag beter te kunnen verklaren. Maar ook het verband tussen taalreceptie en de gevormde houdingen ten opzichte daarvan speelt een rol voor de manier waarop taalreceptie kan worden georganiseerd. Als attitude en gedrag een eenheid kunnen vormen, zou dat voor de handelende mens van groot voordeel zijn.

Aan de drie genoemde definities is wel goed te zien dat het gedragsmoment een sterkere rol speelt dan de relatie tussen attitude en attitudeobject, die op zich wel centraal staat, omdat een attitude altijd een houding ten opzichte van iets is.
Volgens Cooper en Fishman[30] zijn er twee benaderingen van de definitie mogelijk. Met de ene wordt uitgegaan van de perceptie van de referent. Taalattitudes gelden als houdingen ten opzichte van talen, taalvariaties en -varianten en taalgedrag en zijn als waarde op zich met deze functie voldoende omschreven. Met de andere benadering wordt van de invloed oftewel het effect uitgegaan dat op talen werkzaam is. Deze benadering is tamelijk breed gevat, omdat waarschijnlijk elke attitude invloed heeft op taalgedrag of gedrag ten opzichte van een taalsituatie en de mate van invloed van taalattitudes dus moeilijk van andere invloeden af te bakenen zijn. In tegenstelling daartoe lijkt de eerste benadering te beperkt te zijn omdat deze de attitudes ten opzichte van andere taal-verschijnselen doet uitsluiten. Daartoe behoren bijvoorbeeld de houding ten opzichte van taalfuncties en natuurlijk de taalgebruikers. Om die redenen wordt over het algemeen van de tweede definitie uitgegaan en wordt waar nodig op de bijzonderheid van taalattitudes gewezen.[31] De waarde van deze benadering ligt ook daarin dat elke handeling op een set van criteria is gebaseerd en dat attitudes daar misschien wel een belangrijk deel van uitmaken. Omdat het moeilijk is om een direct, automatisch verband te leggen tussen sociaal-situationele variabelen en taalgedrag, geeft men zich beter rekenschap van de menselijke natuur als men met de dynamische interactie van een individu met zijn sociale omgeving rekening houdt en als representatie daarvan het attitudeconcept hanteert.
Attitudes zijn mentale toestanden, die als deel van het interactionele verband tussen receptie en gedrag de positie van iemand kunnen verduidelijken. Zij zijn daarom

---

[30]Cooper / Fishman: "The study of language attitudes", 1974
[31]Hout / Knops: 1988, p. 27

van groot conversationele waarde want iemands attitude is *the state of mind* op dat ogenblik, van waaruit iemand een beslissing neemt, nadat hij iets heeft recipieert. Als je wilt weten met wie je in een contactsituatie te maken hebt, moet je zijn geschiedenis kennen, de sociologische omgeving en zijn actuele mentale representatie, de attitudes. Dit wordt weerspiegeld in een definitie van Gardner:

> "[...] an individual's attitude is an evaluative reaction to some referent or attitude object, inferred on the basis of the individual's belief or opinions about the referent."[32]

Zoals hij zelf opmerkt, wordt de conatieve[33] component (de gedragscomponent) bij deze definitie buiten beschouwing gelaten. Het voordeel ligt daarin, dat vanuit deze definitie het fenomeen van attitudes, het hebben van invloed op gedrag, kan worden behandeld, zonder dat deze invloed een belangrijk deel van het attitudebegrip op zich is. Er is geen sprake meer van invloed maar van referentie.
Attitudes zijn altijd attitudes ten opzichte van iets, van een sociaal object, het attitudeobject. Dit object kan eigenlijk van alles zijn, waarop iemand in een sociale omgeving zich kan richten. Zodoende is er zowel sprake van concrete, tegenwoordige objecten zoals mensen, instellingen en gebieden, als van abstracte of conceptuele objecten zoals andere houdingen, ideeën, sociale structuren. Natuurlijk kunnen ook talen, taalgemeenschappen en individuele sprekers van één taal als attitudeobjecten optreden. Het wordt duidelijk dat het attitudebegrip omgeven is door een uiteraard groot veld van attitudes genererende factoren en hun doelobjecten. Deze houdingen kunnen dus ook meer of minder neutraal of gevoelsmatig zijn. Het gaat bij het begrip meer om de structurele verbindingen tussen *mind and world* dan om de kwaliteit van de attitudes zelf. Het is daarom van groot methodologisch belang waar iemand het attitudeconcept in een model van perceptie en gedrag plaatst (zie verder hoofdstuk 3).
Attitudes moeten wel deel van iemands psychologische wereld uitmaken, maar dat is ook wel een eenzijdige afhankelijkheid. De omgekeerde conclusie zou niet

---

[32] Gardner, R.C.: "Social Psychology and Second Language Learning: The Role of Attitudes and Motivation." London:Edward Arnold, 1985, p. 9.
[33] Het Nederlandse woord "conatief" wordt onder ander gebruikt door Coor van Bree (2000). Dit is waarschijnlijk een vertaling van het Engelse woord "conative", zoals gebruikt door Münsterman en Hout (1988)

kunnen worden gemaakt omdat attitudes voor de psychologische wereld niet van principieel belang zijn.

Één uitbreiding van deze definities is afkomstig van Russel H. Fazio[34]. Hij voegt als belangrijk onderdeel van attitudes hun beschikbaarheid (Attitude Accessibility) toe. Daarmee bedoelt hij de mate van de associatie tussen het attitudeobject en de houding ten opzichte daarvan. Volgens deze definitie is het van beslissend belang, of een houding beschikbaar is of niet. De mate van de beschikbaarheid bepaalt zowel het oordeel over het object alsook in hoeverre de attitudes het gedrag van iemand zullen bepalen of beïnvloeden. Fazio noemt dit een Attitude-Nonattitude Continuüm[35]. Iemand met een houding die geen object lijkt te hebben, voor wie dus geen duidelijk verband bestaat tussen zijn houding tot iets en het mogelijke object of iemand zonder houding ten opzichte van dit iets verbeeld de nonattitudekant van het continuüm. Wordt deze persoon over zijn houding ten opzichte van iets gevraagd, moet de houding zelf worden bepaald of het verband van een houding ten opzichte van iets eerst worden gelegd. Er is in dit geval veel cognitief werk nodig om de niet beschikbare houding beschikbaar te maken of te genereren. Aan de andere kant staat iemand wiens associatie sterk genoeg is om het verband tussen de houding en het attitudeobject te kunnen leggen.

Het verband tussen een houding en "zijn" object is variabel en moet eerst worden gecreëerd. Het is niet iets dat automatisch van tevoren bestaat. Het is een voorwaarde voor het succesvol zijn van een attitude zoals ik in hoofdstuk 3 zal beschrijven. Het is dus met deze definitie mogelijk dat twee personen dezelfde houding ten opzichte van een object hebben maar dat de beschikbaarheid wel verschilt. Bepalend voor de mate van beschikbaarheid zijn volgens Fazio (1995) de mate van ervaring met de factoren die in dit werkstuk sociaal-situationele factoren worden genoemd. Hoe groter de ervaringen met een bepaald object zijn, hoe beschikbaarder de houding ten opzichte daarvan is. Ook zou hier aangenomen kunnen worden dat het grootste verschil in beschikbaarheid direct na het zien van een nieuw object wordt beleefd, zoals uit de onderzoeken van Gardner over de verandering van attitudes voor en na taalcursussen bleek[36].

---

[34] Fazio, Russel H.: 1995

[35] ebd.

[36] Gardner, R. C.: 1985

Het terminus "attitude" wordt gebruikt om in één model alle genoemde elementen of eigenschappen te combineren. Attitudes zijn zelf een groep eigenschappen oftewel uit gedragsvorming komende representaties. Binnen het attitudebegrip zijn dus verschillende eigenschappen geplaatst die moeten worden onderkend:

- de cognitieve (of informatieve) component
- de evaluatieve (of affectieve) component
- de conatieve (of behaviorale) component

In deze tri-componentiële zienswijze wordt een attitude als een eenheid beschouwd, die drie aspecten of componenten heeft.
De cognitieve component wordt in verband gebracht met de structuur van waarneming, gedachte en geloof van een individu. Op deze component heeft dan ook een bepaalde kennis invloed die op ervaring gebaseerd is. Deze kennis hoeft niet de juiste te zijn omdat er ook een irrationeel aspect oftewel geloof meespeelt. In ieder geval gaat het hierbij om de representatie van het attitudeobject en zijn attributen waarop een houding zich zal richten.
De evaluatieve component verwijst naar emotionele reacties en gevoelens voor het attitudeobject. Daarbij hoort een kwalitatief oordeel over en de waardering van het attitudeobject zelf. Als iemand ten opzichte van een bepaald attitudeobject een positief gevoel heeft, zou men van een positieve evaluatieve component kunnen spreken. In sommige theorieën staat deze component als de sterkste vorm van waarderende reactie op een object centraal of is zelfs het constituerende moment van het attitudebegrip.[37]
De conatieve component, de "predisposition to action"[38], verwijst naar de neiging zich op een bepaalde manier te gedragen ten opzichte van het attitudeobject. De neiging, zich op basis van een gevormde attitude neutraal, divergent of convergent te gedragen wordt aan deze component toegeschreven. Zie daarvoor verder hoofdstuk 3.
Elke component kan in verschillende mate bepalend zijn voor een attitude. Alle drie componenten zijn mentale representaties van de op de attitude invloed hebbende werkelijkheid en vormen samen het attitudeconcept. Doeleman[39] verwijst naar het

---

[37] Pligt / Vries vd: 1995
[38] Triandis: 1971, p 3
[39] Doeleman, R.: 1998

verschil dat tussen een "tri-componential" en een "tri-partite" model wordt gemaakt. Met het laatste worden de drie beschreven componenten als moment beschouwd die de attitude constitueren. Zij hebben ieder afzonderlijk een eigen entiteit met betrekking tot de daarbijbehorende referenties en kunnen in verschillende combinaties de attitude vormen. De attitude is op zich als waarderende reactie op het affect gebaseerd, de andere partities spelen weliswaar vaak een rol maar kunnen verder als componenten worden gezien die met het attitudeconcept niets te maken hoeven hebben.
Een schematische vergelijking wordt in figuur a) en b) getoond.

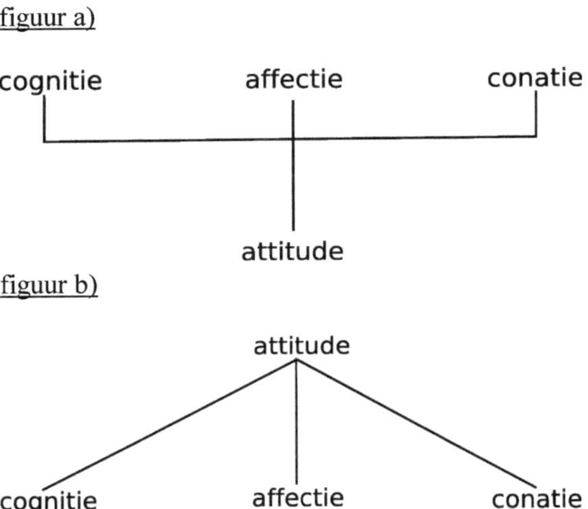

Ik zal op deze onderscheiding niet verder ingaan, omdat ik denk dat het geen belangrijk verschil uitmaakt voor welke representatie iemand zou kiezen. Met de iets lossere verbinding tussen de drie componenten in het "tri-partite" model zou men volgens mij ook in een componentenmodel terecht kunnen. Als een van de componenten niet kan worden gemeten of als er niet voldoende overeenstemming bereikt kan worden, wordt het attitudeconcept nog niet in zijn basis veranderd. Aan de nauwkeurige samenhang van de componenten of partities verandert niets en de invoering van twee niveaus in plaats van één verandert het beeld dat door mijn onderzoek is gevormd niet. Maar het toont duidelijk aan dat de drie componenten allemaal deel van een definitie uit moeten maken.

Het concept van attitudes is een belangrijk methodologisch middel om een systematisch verband te kunnen leggen tussen oorzaak en gevolg van menselijke handelingen en reacties. Als men ervan uitgaat dat een oorzaak direct een handeling of reactie bepaalt, ontstaat er theoretisch een zeer grote reeks van mogelijke verbanden die moeilijk te overzien zijn. Dit omdat in principe elke oorzaak elke reactie ten gevolge zou kunnen hebben, zoals het positivistische model het voorstelt:

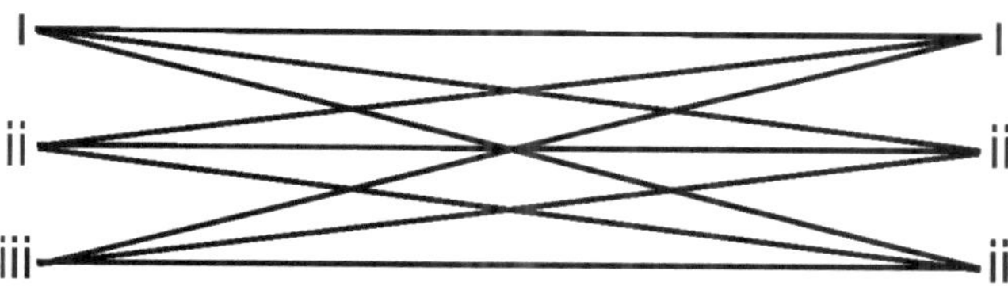

Het plaatsen van een "bemiddelingsinstantie", in dit geval de attitudes, maakt het mogelijk om een meer overzichtelijk model van oorsprong en reactie te krijgen zoals te zien is in dit meer mentalistisch georiënteerd model:

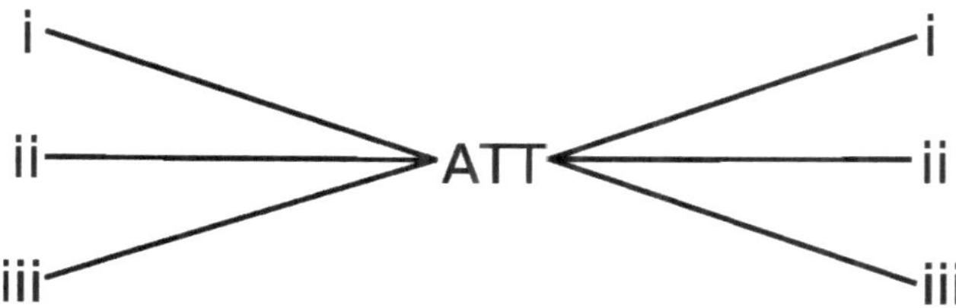

Zowel de representatie van cognitieve factoren als ook de oorzaak van gedrag maken het begrip attitude uit. Dit wordt daarmee gekenmerkt als sociaal-psychologisch verschijnsel en geplaatst tussen cognitie en gedrag. Het kan dus worden opgevat als een subjectieve schakel, een mentale tussenpositie die zich bevindt tussen objectieve elementen van de sociale werkelijkheid[40]. Alle oorzaken hebben wel een bepalende invloed op attitudes als een conceptuele eenheid, die op hun beurt weer betrekking hebben op daden en reacties.[41] Iets anders opgezet zijn attitudes als mentale toestanden de "omleiding" tot gedrag.

[40]Hout, R. van / Knops, U: 1988, p. 22
[41]Knops, U: 1987

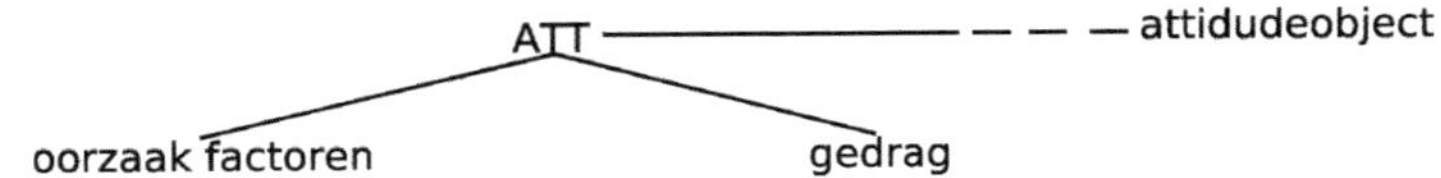

Het voordeel van dit model is dat de principiële verbinding tussen oorzaak en gedrag blijft bestaan en van daaruit kan worden gekeken naar de plek waar de attitudes kunnen worden geplaatst. Onderdeel van elk onderzoek zijn nu de twee verbindingslijnen. Dit gebeurt meestal in onderzoeken over attitudeverandering en attitude/gedrag-relaties.

Concluderend zou ik zeggen dat attitudes ten opzichte van iemand van identificerende waarde zijn. Zij vormen een mentale toestand met de eigenschap als schakel te fungeren tussen *mind* en wereld. Zij delen met de psychologische kant dat ze mentaal zijn en de eigenschap, afhankelijk te zijn. Met de wereldkant delen zij de eigenschap, een representatie van sociaal-situationele factoren te zijn. Alle bovengenoemde definities maken duidelijk dat er geen principieel verschil bestaat tussen taalattitudes en algemene attitudes en dat deze uit drie definitiecomponenten bestaan:

1. een complex construct van een geestelijke toestand, die
2. van invloed is op het gedrag.
3. Het verband tussen de twee componenten.

3. ATTITUDES EN VOORSPELBAARHEID (GEDRAG) - DE CONATIEVE KANT

In dit hoofdstuk gaat het over de conceptuele en meetbare verbinding tussen de houding ten opzichte van een object en het gedrag ten opzichte van deze houding.
Er werd lange tijd van uitgegaan dat attitudemeting het middel is om het (taal)gedrag van mensen te kunnen voorspellen. Daarbij wordt de attitude als een mentale grondslag gezien. Daaruit zou de bepalende motivatie kenbaar worden, die tot een bepaald gedrag zou kunnen leiden.
Volgens de theorie van Allport (1935)[42] zijn verschillen in reactie terug te voeren op verandering in attitudes en hiermee wordt een verband gelegd met de informatie over een situatie.

> "The position language takes within the value systems of individuals and groups has to be taken to consider in order to better understand the manifold patterns of language use."[43]

Op grond daarvan zijn kunnen drie componenten worden onderscheiden. Aangenomen werd dat tussen deze componenten een heel sterk verband bestaat. Het is echter juist dit verband, dat voortdurend in twijfel wordt getrokken[44]:

- de cognitieve
- de evaluatieve of affectieve
- de conatieve of behaviorale

In dit hoofdstuk wordt de conatieve kant beschreven. Om dit aspect uit te leggen zal ik een theoretisch voorbeeld geven dat voor een groot deel op de onderzoeksconclusies van Hout/Münsterman en Jaespert en Kroon (1988) gebaseerd is. Hout en Münsterman onderzoeken het verband tussen attitude en verwerving van een tweede taal en vergelijken hun resultaat met drie andere onderzoeken. Hun belangrijkste resultaat wordt door hen als volgt geformuleerd:

---

[42] *In:* Murchinson: 1935
[43] Knops / Hout.: 1988
[44] Hout/Münsterman 1988, Jaespert/Kroon 1988, Gardner 1980

> "The conclusion must be that attitudes should be studied in relationship with other predictors of behavior and not in isolation."[45]

De belangrijkste andere factoren die het verband tussen attitudes en gedrag beïnvloeden zijn: sociale normen, gewoontes en de consequenties die men van een bepaald gedrag verwacht.
Hout en Münsterman vatten de uitkomsten van drie andere onderzoeken samen, waaruit bleek dat de uitkomsten allemaal binnen de stelling van Wicker[46] blijven. Wicker heeft een groot aantal attitudeonderzoeken bestudeerd en stelt met betrekking tot de verhouding van de gemeten attitudes en het daaropvolgende gedrag van de onderzoekspersonen:

> "It is considerable more likely that attitudes will be unrelated to overt behaviour than attitudes will be closely related to actions. Productmovement correlation are rarely above .30 and are often near to zero."

Hij bedoelt dat het niet mogelijk is om een hogere overeenstemming in de variatie van attitudes en gedrag te meten dan 30 %. Dat heeft hij geconcludeerd na een uitgebreide samenvatting van de literatuur over deze samenhang. Hieruit bleek dat de gedragsverklarende waarde van attitudes in de praktijk significant lager is dan op grond van de theorie werd verwacht. Afhankelijk van de manier waarop attitudes worden onderzocht, moet men er toch rekening mee houden, "dat de verwachtingen ten aanzien van de relatie [...] niet te hoog gespannen mogen zijn."[47]

Maar toch wordt nergens geheel ontkend dat attitudes op de een of andere manier een predispositie tot gedrag zijn.
"Attitudes hebben per se invloed op het gedrag respectievelijk het oordeel van iemand"[48]
Belangrijke kenmerken voor het taalgedrag zijn processen van taalkeuze en *language shift*. Omdat in de attitudes alle belangrijke sociale invloeden zijn

---

[45]Hout/Münsterman 1988, p. 175
[46]Wicker 1969
[47] Knops 1987, p. 84
[48] Hermanns, Fritz 2002, p. 67

afgebeeld en een theorie van de sociale invloed cp taalkeuze en *language shift* nodig is om deze keuzes te kunnen verklaren, dacht men dat attitudes een zeer belangrijke rol in deze theorieën moesten spelen (c.f.: theory of reasoned action – Ajzen/Fishbein 1980).
Jaespert en Kroon hebben het verband tussen attitudeconcept en taalkeuze onderzocht en de volgende conclusie getrokken:

> "We have tried to show that the absence of a meaningful correlation between attitude and behaviour, and the problematic position of attitudes in a causal model explaining variation in language choice, is not related to the disturbing influence of a number of factors, obscuring that is in essence a much higher and theoretically interesting correlation. It is rather the nature of the attitude concept itself which make it unfit as a tool for the explanation of language choice behaviour."[49]

Zij ontdekten dat de correlatie tussen taalkeuze en attitude in hun onderzoek dermate laag was dat de causale samenhang sterk moest worden betwijfeld. Uit hun onderzoek bleek dat de attitude een verklaringskracht voor de taalkeuze heeft die niet hoger is dan 18% ten opzichte van andere invloeden daarop. Attitudes zijn dus bij lange na niet de enige concepten van gedrag.
In zijn interessante kritiek m.b.t. het driecomponentiële model wijst Hermanns erop dat de conatieve kant van het attitudeconcept vast in de traditie van "denken-voelen-optreden" (Handlungstheorie: Denken-Fühlen-Handeln) staat en dat over het hoofd werd gezien dat het bij attitudes om een theorie over een psychisch gedetermineerde toestand gaat. De conatieve kant, als zij meetbaar wil blijven, zou veel beter door het aspect van de wil kunnen worden vervangen, waar Hermanns de term "volitief" voor gebruikt.
Ook wijst hij erop dat vaak buiten beschouwing wordt gelaten dat er zeker onderscheid moet worden gemaakt tussen meer of minder dominante en wel of niet actieve en mogelijk eenmalige attitudes.[50]
Daarmee laat hij het gedragsprobleem buiten beschouwing en zet de wil, de uiting van de evaluatieve kant in de plaats.

---

[49]Jaespert/Kroon 1988, p. 170
[50]Hermanns, Fritz 2002, p. 77 ff.

Voor de interne opbouw en de samenhang van de drie aspecten van een attitude zou deze correctie van het begrip nauwelijks gevolgen hebben. Ook wordt door Hermanns niet gezegd, of de problemen in verband met de evaluatie van het verband tussen de drie aspecten beter kan worden opgelost.

Waar moeten attitudes worden geplaatst? Om attitudes goed in een causaal model voor taalgedrag te kunnen plaatsen moet de waarde van attitudes als een intermediair concept voor gedrag worden bepaald. Dit is van belang omdat sociale factoren gedragsvormen meestal niet direct bepalen. Er vindt een van tevoren gevormde sociale evaluatie plaats, die op de een of andere manier tot gedragsvorming en gedrag zal leiden. In dit verband bleek dat attitudes als intermediair concept op dezelfde manier door de sociale factoren worden beïnvloed als het gedrag zelf. Omdat attitudes dus op dezelfde manier "ontstaan" als de gedragsvorming moeten zij in dit geval slechts als interpretatieve concepten, geplaatst tussen primaire factoren en gedrag, worden beschouwd. In dit model wordt hen geen zelfstandige of gedragsbeïnvloedende waarde toegekend.

Een ander belangrijk deel van de verhouding tussen attitude en gedrag is de relevantie van de attitude voor het individu. Sommige attitudes zijn voor het gedrag van groter belang dan andere. Hetzelfde geldt voor het individu. Zo is de houding ten opzichte van een dialect bij iemand die geen dialect spreekt van minder belang dan bij iemand die wel een dialect spreekt of vaak in een dialectomgeving verkeert. De eerstgenoemde zou op zich wel een erg positieve mening over het dialect kunnen hebben, maar geen moeite kunnen nemen om het te leren of te spreken, omdat het voor hem niet van belang is. Met het oog op bijzondere sociale factoren zou het kunnen dat de overeenstemmingscores ten opzichte van hetzelfde attitudeobject per individu verschillen.

3.1. HET "PATH-ANALYTICAL MODEL"

Jaespert en Kroon hebben een "pad-analytisch model" ontworpen waarin attitudes als een van meerdere primaire factoren, als onafhankelijke variabelen of als intermediair concept worden beschouwd.

Ervan uitgaande dat niet alleen maar de overeenstemming van attitudes met het meetbare gedrag bepalend is voor de positie van taalattitudes in een verklaringsmodel van taal(gebruik), werd door hen een model ontworpen waarin het om de conceptuele positie van attitudes binnen een verklaringsmodel van taalgedrag gaat. In dit model blijven attitudes indicatoren van een meetbare onafhankelijke variabele zoals het gedrag.

Het lijkt duidelijk dat er geen grote directe invloed van attitudes op het gedrag te meten valt.[51/52] Toch lijkt het mij geen oplossing, deze vraag volledig buiten beschouwing te laten. Dit wordt bijvoorbeeld gedaan door te zeggen dat attitudes ook zonder enige betrekking tot taalgedrag een bestaansrecht in de theorievorming hebben omdat zij op zich van hogere waarde zijn, zoals door Uus Knops (1985) werd beschreven. Daarom moeten attitudes worden geplaatst in een model van de verhouding van meerdere sociale factoren en afhankelijke variabelen en gedrag. Er moet een plaats voor het attitudeconcept bestaan, waar zowel met de mogelijkheid van invloedsgebrek alsook met het bijzondere kwalitatieve verband met de factor gedrag rekening wordt gehouden. Er zijn in principe drie "posities" die door de attitudes kunnen worden ingenomen.

- Attitudes als primaire factoren (mentale constructies, een psychologisch "iets")
- Attitudes als intermediair concept ("mere interpretations")
- Attitudes als exogene variabelen (gedragsderivaat)[53]

Volgens Jaespert en Kroon is het belangrijk om een verschil te maken tussen de voorstelling van attitudes als mentale toestanden en als pure interpretaties met betrekking tot gedragsverandering. Volgens hen hangt dit daarmee samen dat een dergelijke verandering van gedrag niet kan worden bereikt door de attitude te veranderen wanneer deze alleen maar als pure interpretatie wordt gezien. Ik zal nu op deze posities nader ingaan.

---

[51]Zie ook Knops, Münstermann, HSK Sociolinguistic

[52]Bayer, L. 2003, p. 21: "De overeenstemmende variantie tussen houdings- en gedragsmaatregelen wordt hooguit met 10% vastgesteld."

[53]Op dit punt zal ik niet verder ingaan omdat deze relatie buiten de opzet van deze scriptie valt. Maar er zou uiteindelijk wel een conceptuele plaats voor deze relatie in een in dit hoofdstuk beschreven model kunnen komen.

mentale constructies

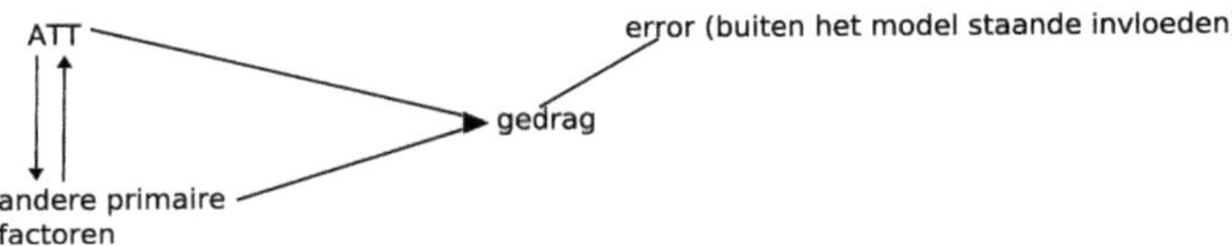

Als mentale constructies zijn attitudes deel van iemands psychologische realiteit en zij staan afzonderlijk van andere primaire factoren zoals alle sociaal-situationele factoren worden genoemd. In deze functie blijven houdingen toch de een of andere invloed houden.

Uit het onderzoek van Jaespert en Kroon bleek dat de verklaringskracht voor de taalkeuze maar nauwelijks (2%) hoger is als de invloedrijke primaire factoren worden meegerekend. Er is zodoende niet alleen een lage correlatie tussen attitudes en taalkeuze, maar deze invloed wordt ook nog eens geheel door sociale factoren bepaald. Daaruit zou volgen dat er geen redenen zijn om aan te nemen dat attitudes als *mental constructs* invloed op gedrag hebben of dit kunnen verklaren. Daarbij wordt ervan uitgegaan dat de lage scores die attitudes bereiken de principiële verhouding van invloed op gedrag niet negeren maar dat zij de invloed gewoon moeten "delen" met andere onafhankelijke bepalende factoren. In dit model blijven attitudes direct invloed hebben op het taalgedrag, maar hun endogene waarde zou moeten worden betwijfeld. Dit zal dan ook haast wel gelden voor het intermediair concept.

intermediair concept

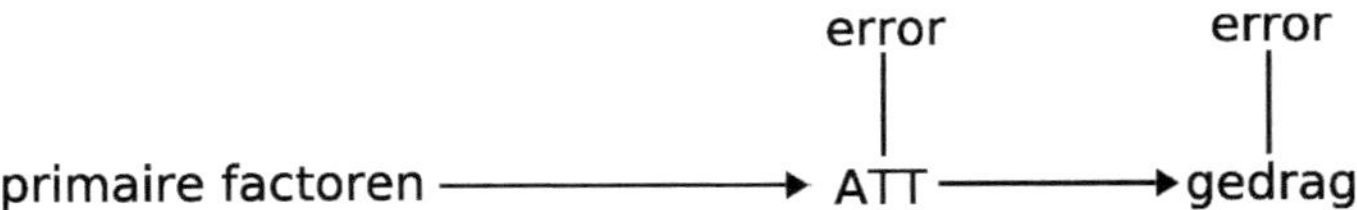

Als intermediair concept zijn attitudes in een middenpositie geplaatst. Zij representeren alle bepalende primaire factoren die tot een bepaald gedrag zullen leiden. Het gedrag te bepalen door houdingen die door primaire factoren beïnvloed worden lijkt mij minder willekeurig, ook omdat de *error term* verschil uitmaakt. Deze staat voor de variatiemogelijkheden die kunnen ontstaan door factoren die in dit model buiten beschouwing zijn gelaten. .

Wat zijn nu de redenen om attitudes als intermediaire, interpretatieve concepten te beschouwen, zonder dat zij een directe invloed op gedrag hebben? Attitudes worden door sociale factoren bepaald, net als het gedrag, maar in tegenstelling tot gedrag zijn deze attitudes deel van de onafhankelijke variabelen in dit model. Dat betekent dat zij veranderbaar zijn zonder dat de primaire factoren moeten worden veranderd. Zij zouden dus de kracht kunnen hebben om gedrag en sociale factoren te verklaren.

Een andere conclusie van Jaespert en Kroon is dat ook als intermediair de verklaringskracht niet hoger zou zijn, omdat attitudemeting überhaupt nauwelijks invloed heeft gehad op gedragsverklaring. Ook als intermediair concept veroorzaken zij geen reductie van het directe effect van primaire factoren op het gedrag; ook kunnen attitudes een soort samenvatting van de verschillen van de primaire factoren zijn, die de verschillen van gedrag uitmaken. In dit geval lijkt het dat het intermediair concept puur theoretisch is en aan de mogelijkheden gedrag te kunnen verklaren niets toevoegt. Dezelfde verklaring zou in dit geval al door de primaire factoren worden gegeven.
Er bestaat volgens Jaespert en Kroon geen logisch gegarandeerde plek voor attitudes in een causaal model van taalkeuze (oftewel gedrag). Anders gezegd, er is sprake van afwezigheid van een rol van betekenis voor de connectie van attitudes met gedrag. Een belangrijkere intermediair voor het leren van een tweede taal bleek de motivatie daarvoor te zijn. Uit onderzoek van Gardner et al. (1976) en Gardner (1980) bleek dat de hoogste overeenstemming met de keuzevariatie voor motivatie te meten viel. Daarmee heeft ook de motivatie haar oorsprong in de primaire factoren, zij het met een veel grotere uitwerking met betrekking tot gedrag. Iemand zonder motivatie die probeert een tweede taal te leren zou daar minder goed in slagen dan iemand die wel gemotiveerd is maar een meer negatieve houding ten opzichte van deze taal heeft.

> "Gardner (1979), for instance found that the anxiety experienced by bilingual students in using a second language is a better predictor of their competence than (other) attitudinal factors or motivation."[54]

Belangrijk voor de houding ten opzichte van talen is zowel het contact met of de kennis van een taal als de ervaring die met taalsituaties wordt opgedaan.[55] Op de

---

[54] Hout/Knops: "Language Attitude in the dutch language area.", S.135

vraag naar hun eerste taalervaring geeft 84,3 procent van de informanten in dit onderzoek aan, dat hun ervaringen positief zijn geweest. Omdat een groot aantal van de informanten tamelijk positief tegenover het Engels staat zou men kunnen concluderen dat het verband tussen ervaring en oordeel kan worden gelegd.

De conclusie van Jaespert en Kroon is dan ook dat attitudes geen essentieel onderdeel kunnen uitmaken van de verklaring van de variatie in taalkeuze. Zoals eerder gezegd worden daarmee de redenen om het attitudeconcept in te voeren genegeerd.

Maar het wordt nergens duidelijk genoeg gezegd dat attitudes op de een of andere manier geen predispositie tot gedrag zouden zijn. Daarom is het nodig om de lage scores te verklaren.

De reden voor de lage overeenstemmingscores zou kunnen zijn dat attitudes als predictoren of gevolgen (aanpassing) van gedrag of gedragsveranderingen op een heel andere manier en misschien wel sneller of langzamer op (sociaal-situationele) invloeden reageren dan het gedrag van de mensen zelf. Daarom moet bij een vergelijkend onderzoek naar de verhouding van attitudes en gedrag ook met de gemeten tijdstippen rekening worden gehouden. Het zou kunnen dat attitudes pas veel later gaan veranderen, nadat er al een gedragsverschuiving heeft plaats gevonden, en dat om die redenen op een bepaald moment geen consistent verband tussen deze twee factoren te zien is. Een andere interpretatie van de gemeten scores beschouwt de scores juist niet als laag maar als hoog. Deze wijzen dus op komende veranderingen als een apart soort bewijs van invloed.

Dit verband valt wel heel moeilijk te meten omdat de verhouding attitude - gedrag niet met betrekking tot de tijdsverhouding 1:1 overeenstemt maar door een veel ingewikkelder vorm van wederzijdse beinvloeding wordt gekenmerkt.

Er zijn nog geen mij bekende onderzoeken gedaan waarbij op alle factoren is gelet, en er zijn meestal te weinig vragen gesteld zodat men zou kunnen beweren dat er nog nooit een onderzoek werd gedaan dat aan de juiste eisen voor een attitudeonderzoek voldeed. Verder moet erop worden gelet dat ook de juiste correlatieparen worden gemeten. Als men wil weten wat iemands houding ten opzichte van wonen naast een Duitser in een eenzame straat is, moet men de attitude ten opzichte van het wonen naast een Duitser in een eenzame straat meten en niet bijvoorbeeld de attitude tegenover Duitsers die in Nederland woonachtig

---

[55]Geest, A. J: M. van der: TTW, 6a, 23, 1983, S.127

zijn. Als een algemene attitude met een heel bepaald gedrag wordt vergeleken zal er nauwelijks een overeenstemming te meten zijn. Daartoe moet een geheel van gedragsmogelijkheden worden onderzocht. Korth schrijft over dit probleem:

> "Language attitudes are usually formed through experiences with speakers of a particular language [...]. It is therefore often difficult to decide, if speakers express the attitudes towards a language, towards speakers of a language or towards their language teacher."[56]

En Garrett schrijft:

> "[...] there are genuine difficulties in confidently identifying such latent variables"[57]

Korth wijst erop dat een juiste attitudemeting met een erg complexe situatie geconfronteert wordt en gebruikt voor haar analyse een mengeling van gemeten attitude, vooroordelen, stereotypen en motivatie. "Houdingen zijn gewoontes" schrijft Hermanns[58] en als mogelijkheid om gedrag te kunnen voorspellen maken zij slechts deel uit van een groep gewoontes en mentale representaties.
Ook laag zijn de scores die gemeten zijn voor de invloed die concrete handelingen op attitudes kunnen hebben. Er valt geen opmerkelijk attitudeverschil voor en na een taalverwervingsprogramma te meten[59], zoals uit een onderzoek blijkt dat door Gardner wordt beschreven[60]. De hoogste scores zijn vlak na het begin van een nieuwe ervaring te meten, wat erop wijst dat een gedragsverandering op zich invloed op attitudes kan hebben. Met andere woorden, de connectie tussen de gedrags- en de attitudefunctie moet eerst worden geïnitieerd. Het uitoefenen van invloed op elkaar kan daarna nog meetbaar zijn, maar dat hoeft niet per se het geval te zijn. Zoals ik hierna zal laten zien is dit afhankelijk van het succes van de instelling. De vóór het taalonderwijs gemeten attitudes die door Gardner werden onderzocht zijn van een heel andere waarde dan die welke achteraf werden

---

[56] Korth, Britta 2005, p. 24
[57] Garrett, Peter 2003, p.9
[58] Hermanns, Fritz 2002, p.73
[59] Gardner.: Social Psychology and Second Language Learning. 1985, p. 107
[60]Leonard 1964, Hanna and Smith 1979, Clement, Gardner, Smythe 1977, Gardner: Social Psychology and Second Language learning, p.85 f.

gemeten, omdat de verbinding met het attitudeobject nog niet noodzakelijkerwijs bestond. Er bestaan natuurlijk attitudes ten opzichte van verschillende vormen van het attitudeobject, maar die hoeven nog geen concrete verbinding met het begin van het veranderingsproces ten opzichte van het object zelf te hebben. Dit proces wordt door een groot aantal verschillende invloeden bepaald. Pas als de verandering wordt "opgemerkt", krijgt de verbinding tussen het object en de attitudes ten opzichte daarvan een zekere dynamiek.

Ook om die redenen lijkt het mij niet juist om de lage overeenstemmingscores te proberen te vermijden, door alleen maar het menselijk gedrag te bestuderen om vervolgens op grond daarvan de houdingen ten opzichte van dit gedrag vast te stellen. Dat gaat voorbij aan de geldigheid van het attitudebegrip, maar vooral blijven de scores ook in dit geval laag.

Op deze wijze ontstaan attitudes en gedrag door dezelfde sociaal-situationele factoren. Dit wordt weergegeven in het volgende causale model waarin met de bijzondere gelijkwaardigheid van attitudes en gedrag rekening wordt gehouden. De lineariteit in dit model moet niet worden opgevat als tijdsverhouding:

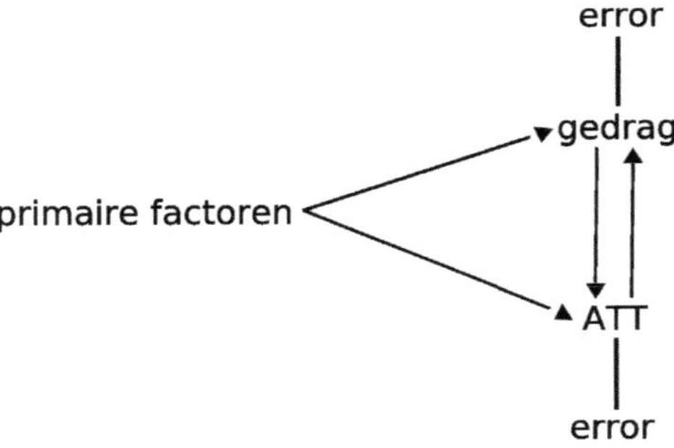

Attitudes vormen een soort mentale samenvatting van alle sociale en situationele omstandigheden en staan daarom op één lijn met het gedragsmoment. Zij worden allebei gezien als onafhankelijke variabelen die invloed op elkaar kunnen hebben. Zowel de attitudes als het gedrag kunnen later deel van de primaire factoren uitmaken en als zodanig invloed op elkaar hebben.

Het theoretische verschil ligt in het succesgehalte van de attitude ten opzichte van het attitudeobject. Een houding kan succesvol of niet succesvol zijn. Een houding geldt als succesvol wanneer zij met het gedrag overeenstemt of daar een duidelijke voorwaarde voor was. Als dit niet het geval is, bestaan er nog wel attitudes ten opzichte van het onderzochte object maar deze zijn dan niet succesvol en hebben dus geen invloed op het veronderstelde bijbehorende gedrag. Er ontstaat een methodologische tegenstrijdigheid waardoor bepaalde verwachtingen niet worden vervuld.

In een model zoals hierboven beschreven, wordt het attitudebegrip in verband gebracht met zowel de factoren die een bepaalde houding kunnen veroorzaken evenals met de mogelijke gevolgen waarin een bepaalde houding zou kunnen resulteren.
Ervan uitgaande dat een model als dit überhaupt mogelijk is en dat attitudes niet volstrekt los staan van psychosociale en gedragsmatige omstandigheden, zijn er drie typen causale modellen mogelijk:

1. een lineair model
2. een model van de complexe oorsprong
3. een model van het complexe resultaat

Model 1 en 2 werden door Jaespert en Kroon beschreven. Het door mij voorgestelde model kan tot de derde categorie worden gerekend.

CONCLUSIE

Het lijkt op grond van de theorievorming logisch dat iemands houding ten opzichte van een bepaald sociaal object invloed op dit object heeft of het zelfs bepaalt. Vanwege deze voorspelbaarheid werd het attitudeconcept in de sociologie ingevoerd[61]. Maar het bleek dat er nauwelijks, of tenminste in veel mindere mate dan verwacht, een meetbaar verband bestond. Voor welk model iemand kiest hangt af van de interpretatie van de lage overeenstemmingscores die werden bereikt .
Verder moet er op worden gelet dat ook andere factoren bij de verbinding een rol kunnen spelen zoals de eerder genoemde beschikbaarheidfactor[62] of intelligentie in verschillende variaties[63].

---

[61]Knops, U/ Hout, R. van.: Language attitudes in the Dutch area: an introduction. 1988
[62] Zanna/Fazio 1982
[63] Oller/Perkins 1978

In het model van het complexe resultaat wordt ook met de variabele verhouding van oorzaak en gevolg rekening gehouden. Attitudes kunnen zowel oorsprong als effect van een bepaald gedrag zijn. Deze verhouding is een onderdeel van de attitude-gedrag-interactie in dit model. Het is op die manier mogelijk de invloeden, die attitudes en primaire factoren op gedrag hebben, te kunnen beschouwen zonder dat deze elkaar dreigen uit te sluiten. Dat dit noodzakelijk is blijkt ook uit de volgende conclusies:

> "There are, however, alternative perspectives. Burstall, Jamieson, Cohen, and Hargreaves (1974), for example, argued that it is more likely the case that success in learning a second language would foster favourable attitudes and high level motivation. Oller and Perkins (1978), on the other proposed, that factors such as intelligence could account for the relationship obtained, while Oller (1982) suggested that the relationship could be due to a confounding of verbal intelligence and social desirability with measures of both second language proficiency and attitudinal/motivational characteristics. [...] It is clear that the social milieu plays a significant role in language learning and that it isn´t simply a convenient explanatory device."[64]

> "Lambert (1963, 1967) demonstrated how attitudes and motivation were both cause and effect of successful second language acquisition [...]."[65]

Het gaat in deze scriptie om de houding ten opzichte van talen waartussen moet worden gekozen. In tegenstelling tot wat het geval was in het onderzoek van Fazio[66]

---

[64]Gardner, R. C. / Clément, R.: "Social Psychological Perspectives on Second Language Acquisition". *In:* Giles, H. / Robinson, W. P. (eds.): "Handbook of Language and Social Psychology". Chichester:J. Wiley, 1990, p.500

[65]ebd, p. 501

[66]Fazio, R H. / Williams C.J. 1986. Het onderzoek bestond uit een attitudemeting die voor en na de Amerikaanse presidentsverkiezingen werd uitgevoerd. De van te voren genoemde houdingen ten opzichte van de presidentskandidaten werden met het eigenlijke verkiezingsgedrag vergeleken. Het bleek dat de houdingen tamelijk goed voorspelden hoe de kiezers zouden gaan stemmen. Deze voorspelbaarheidwaarde werd vooral significant beïnvloed door de factor beschikbaarheid. Hoe hoger de beschikbaarheidfactor van de houding van iemand was, hoe hoger de te meten overeenstemmingscores tussen het getoonde stemgedrag en de attitudes ten opzichte daarvan uitvielen. De beschikbaarheid van een attitude stuurt de samenhang tussen houding en waarneming en tussen houding en gedrag.

is deze keuze niet geheim maar vindt zij in het openbaar plaats. Deze openbaarheid levert veel meer primaire factoren op dan een keuze in verband met vrije en geheime parlementaire of presidentsverkiezingen. Door de vermindering van primaire factoren die van invloed waren op de keuzesituatie viel er in het onderzoek van Fazio een tamelijk grote overeenstemming tussen attitudes en gedrag te meten. Zonder een succesvolle attitude zou in dit geval geen keuze mogelijk zijn geweest. In de situaties waarin de meeste gedragsuitingen plaats vinden, is toch altijd sprake van een keuze omdat ook in het geval van niet succesvolle attitudes andere factoren bepalend kunnen zijn.

De situatie van de openbaarheid waarin de beschreven attitudes zijn gemeten, wordt in de volgende hoofdstukken beschreven. Het gaat daarbij om de situatie waarin Europeanen in contact zijn met het Engels. In deze gevoelige verhouding worden vaak attitudes aangetoond. Maar vooral blijkt uit deze taalcontactsituatie in hoeverre het van belang is de verbinding tussen attitudes en het steeds veranderende attitudeobject te activeren en actief te houden.

4. TAALCONTACT EN MEERTALIGHEID: ENGELS IN EEN VERANDERDE WERELD

4.1. TYPOLOGIE VAN MEERTALIGHEID I – VORMEN VAN MEERTALIGHEID

In dit hoofdstuk wil ik graag verschillende vormen van meertaligheid voorstellen.
Er is zowel sprake van tweetaligheid alsook van meertaligheid. Omdat tweetaligheid een vorm van meertaligheid is, wordt er in deze hoofdstukken geen verschil tussen de twee woorden gemaakt. Met het begrip tweetaligheid wordt wel op het wezenlijke verschil tussen de eerste en de tweede taal (talen) gewezen.

Er wordt wel onderscheid gemaakt naar de mate van de **individuele** beheersing van de talen die in contact met elkaar staan: in dit geval wordt tussen symmetrische of actieve meertaligheid en asymmetrische meertaligheid onderscheden. Met het eerste wordt bedoeld dat met elkaar in contact staande talen in verschillende situaties op hetzelfde niveau worden beheerst.
De tweede vorm kenmerkt het slechts onvoldoende beheersen van de talen of een van de talen. Deze vormen van meertaligheid kunnen verder worden onderverdeeld in receptief (passief), niet-receptief, schriftelijk en technisch. Receptief betekent dat de 2^e^ taal weliswaar verstaan maar niet gesproken wordt, niet-receptief betekent dat de tweede taal gesproken maar slecht verstaan wordt. Schriftelijk betekent, dat de tweede taal alleen maar door middel van het lezen of schrijven begrepen wordt. Technisch betekent tenslotte dat het verstaan van de tweede taal alleen maar in verband met technische domeinen of de beroepsomgeving nodig is.

Een ander onderscheid betreft de **maatschappelijke** meertaligheid. Er worden meerdere meertaligheidgroepen onderscheiden[67]:

Onderscheid naar geïsoleerde en sociale meertaligheid
(ook individuele en algemene meertaligheid):
Metr het begrip "geïsoleerde meertaligheid" wordt een individuele situatie aangeduid, waarin een individu zich door zijn meertalige competentie van anderen onderscheidt. De sociale meertaligheid daarentegen staat voor een meer of minder

[67]Vallverdú, F.: "Kontaktsituationen: Bilinguismus und Diglossie". *In:* Kremnitz, G. (1972)

verspreide eigenschap van een hele groep. In die zin zou dan ook van een niet-waarderende diglossie kunnen worden gesproken.
Onderscheid naar de maatschappelijke functies:
Er is sprake van neutrale tweetaligheid, als de twee talen onafhankelijk van elkaar kunnen worden gesproken. Ook in dit geval zou weer sprake van een niet waarderende diglossie kunnen zijn. Het andere geval is zodoende de diglossische tweetaligheid, omdat er geen vrije keuze tussen de talen mogelijk is.

Onderscheiding naar mate van specialisering:
Van een geordende tweetaligheid is sprake als de sprekers van beide taalsystemen deze naar hun functionele waarde uit elkaar houden. Het tegenovergestelde is de ongeordende tweetaligheid, in welk geval beide talen gemengd worden gebruikt, zodat er een of meer interferentieverschijnselen op zullen duiken.

Onderscheiding naar de verspreiding van de vreemde taal:
Er is verder een onderscheid te maken tussen een beperkte en een gegeneraliseerde tweetaligheid, waarbij het tweede type van geconstrueerde of van populaire oorsprong kan zijn. Dit is afhankelijk van de omstandigheid of deze bij een groot deel van een bevolking of alleen in beperkte kringen optreedt. Een gegeneraliseerde tweetaligheid ontstaat als dit fenomeen zich over een hele maatschappij uitbreidt.

Onderscheiding naar afkomst:
De gezinsgebonden tweetaligheid ontstaat in het familiemilieu. Het tegenovergestelde daarvan zou een milieugebonden tweetaligheid zijn, die in een beperkt gebied optreedt. Deze is uniform als een hele gemeenschap beide talen meer of minder gaat gebruiken. Hiervan wordt de duale tweetaligheid onderscheiden. In dit geval leven de twee taalgemeenschappen samen in een gebied zoals dit in de tweetalige zones van België het geval is. De uniforme variant kent als voorbeeld de situatie in Zwitserland met de talen Duits en Zwitsers-Duits.

Onderscheiding naar de wettelijke situatie:
Er is sprake van een officiële tweetaligheid als beide talen door de overheid zijn erkend, zoals bijvoorbeeld in België. Niet-officiële tweetaligheid vindt plaats als een door de overheid niet als officieel erkende taal openbaar wordt gebruikt.

Onderscheiding naar taalpolitiek:
In dit geval wordt een onderscheid gemaakt tussen niet-assimilerende en assimilerende tweetaligheid. Bij de tweede vorm is het doen verdwijnen van een van de talen het doel van het proces. De tweetaligheid is niet neutraal en het doel is zelfs herkenbaar door het verkleinen van het ene taalgebied of het beperken van de kennis van de taal door bijvoorbeeld het onderwijs.

Onderscheiding naar het niveau van het gebruik van de schrijftaal:
De literaire tweetaligheid omschrijft de mogelijkheid dat een auteur voor een literair werkstuk twee talen op gelijke wijze beheerst. Het tegendeel zou zijn dat de tweede taal als een instrument wordt gebruikt, om bijvoorbeeld te kunnen reciteren. Dit wordt functionele tweetaligheid genoemd.

4.2. TYPOLOGIE VAN MEERTALIGHEID II – MEERTALIGE MAATSCHAPPIJEN

Volgens een indeling van Moag (1982) zijn er verschillende types van het nationale gebruik van het Engels. Het concept van niet-natief Engels is een belangrijk onderdeel van het onderzoek over de "world-englishes" geworden. Het is echter gebruikelijk gebleven om voor alle variëteiten daarvan de term "Engels" te gebruiken. Hoewel men aan moet nemen dat niet meer alle sprekers van een van de variëteiten in staat zijn elkaar te begrijpen. Het zal bijvoorbeeld voor iemand uit India moeilijk zijn iemand die uit Florida komt te begrijpen. Naar aanleiding van de rol die het Engels in de samenleving speelt worden de landen in de wereld als volgt ingedeeld:

- ENL English as a native language. Zoals in het geval van Engeland en bijvoorbeeld Nieuw-Zeeland.
- ESD English as a second dialect. Dit geldt voor landen met een op het Engels gebaseerd creool naast het Standaardengels zoals bijvoorbeeld in Jamaica
- EBL English as a basal language. Daarmee worden ESD-taalgemeenschappen bedoeld met een andere taal dan het Engels als officiële taal. (Caraibische gemeenschap)

- ESL English as a second language. De rol van het Engels vindt zijn oorsprong meestal in de koloniale tijden. Het is een supraregionaal verbindende taal voor nationale domeinen als de media, het onderwijs en het bestuur. Voorbeelden zijn India en Nigeria.
- EFL English as a foreign language. In deze landen wordt het Engels als internationale taal gebruikt maar het heeft binnen de taalgemeenschappen geen functie, zoals dit in West-Europa en Japan het geval is.

Het verschil tussen EFL- en ESL-landen is wel gradueel en het is moeilijk om er een duidelijk grens tussen te trekken. De overgang is glijdend en in vele gevallen afhankelijk van de politieke wensen van de landen. Alle ESL-landen zijn ooit EFL-landen geweest en kunnen mogelijk "terug". In het postkoloniale tijdperk hebben veel landen besloten om de taal van de kolonisator als officiële taal te behouden. Ten dele om economische redenen of omdat het ten opzichte van de bevolkingsgroepen een neutrale taal is. Andere landen, als bijvoorbeeld Zuid-Afrika, hebben toen besloten om de status van het Engels terug te draaien tot één van meerdere officiële talen. In dit geval leidde het tot een aantal van 11 officiële talen, waarvan het Engels er een is.

De bovengenoemde indeling is in wezen gelijk aan een andere indeling van Kachru (1985), die de landen ter wereld met betrekking tot het Engels indeelde in:

- inner circle EngE, UsE, AusE (ENL-landen)
- outer circle Engelstalige koloniaalgebieden (ESL-landen)
- expanding circle EuropE, JapE (EFL-landen)

Volgens McArthur (1992) zou men de ENL-groep nog verder kunnen indelen in landen waar het Engels "profoundly dominant" is, zoals in Engeland of Ierland, en landen waar het Engels naast andere officiële talen bestaat. Dit is bijvoorbeeld in Canada of Zuid-Afrika het geval.

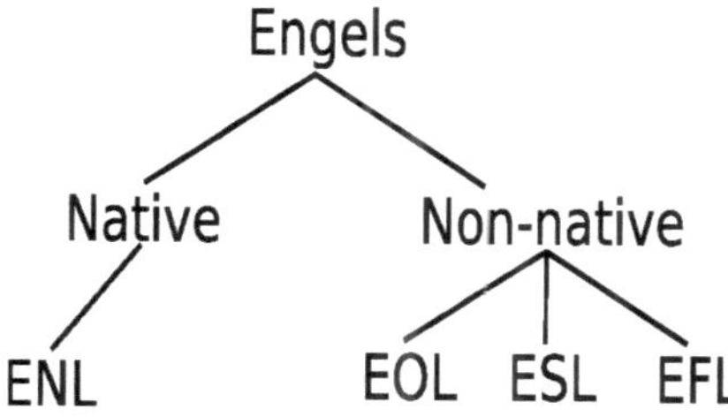

(Variaties van Engels, Granger [1996])

(Deze Indeling van Sylviane Granger[68] voegt de categorie EOL [English as official language] toe, omdat volgens haar op die manier het door haar als ambigu beschreven karakter van de ESL groep kan worden vermeden.)

De uitbreiding van het Engels over de wereld verloopt in fasen. Ten eerste is er de grote invloed door de kolonialisering van andere landen door Engeland. Maar ook voor de EFL-landen was het een belangrijke ontwikkeling dat sommige onderwerpen alleen nog in het Engels werden behandeld. Een van de vroegere voorbeelden is dat het Engels als voertaal voor het internationale luchtverkeer werd ingevoerd. Een ander voorbeeld is dat Engels de officiële taal van de Verenigde Naties werd. Later werd de taal een dominante communicatietaal voor de internationale media in de vorm van radioprogramma's, tv en magazines.[69]

Overal waar het Engels zich nu in een postkoloniale tijd manifesteert, ontstaat een politiek gewenste meertaligheid. Het lijkt niet het geval te zijn dat met de uitbreiding van die taal ook uniformiteit en cultuurdwang plaatsvindt, dat wil zeggen dat met de taal ook alle culturele registers moeten worden overgenomen. Het Engels in de ESL-landen werd integendeel meer en meer aan de nationale cultuur aangepast.

In de EFL-landen ziet het er misschien anders uit. Omdat de ontwikkelingen nog vrij jong zijn, wordt met de taal misschien ook de Amerikaanse cultuur getransporteerd. In hoeverre dit inderdaad het geval is moet nog blijken. In het

---

[68]Granger, S.: "Learner English around the world". In Greenbaum, S. (ed.): "Comparing English Worldwide. The International Corpus of English". Oxford:Clarendon, p. 14, 1996

[69]Strevens 1992, p. 31

volgende hoofdstuk gaat het om de situatie in deze landen en de daar ontstane bijzondere contactsituatie.

4.3. ENGELS IN EEN NIET-ENGELSSTALIGE MAATSCHAPPIJ – TAALCONTACT OF MEERTALIGHEID

Het gaat in dit hoofdstuk over de volgende punten, die allemaal met de bijzonderheid van de rol van het Engels in Europa als EFL-gebied te maken hebben:

- Maatschappelijk taalcontact zonder etnische aanwezigheid van de sprekers van een van de talen.
- Meertaligheid zonder meertalige omgeving: Meertaligheid als een individuele en groepseigenschap.

Een criterium voor tweetaligheid is dat de tweede taal door een individu regelmatig wordt gesproken. Daarbij speelt de mate van competentie een mindere rol. Deze is gerelateerd aan het even goed beheersen van een tweede taal als de moedertaal. Dit wordt slechts door een minderheid bereikt.
Noodzakelijk voor het ontstaan van een contact is,

> "dat de communicatie over de grenzen van de betreffende taalgemeenschappen plaats vindt."[70]

Elk taalcontact vindt daar plaats waar mensen met verschillende talen of taalvariëteiten omgaan. Talen staan in contact als zij door mensen afwisselend worden gebruikt. Deze psycholinguïstische definitie past echter niet goed bij het plaatsen van taalcontactsituaties in het maatschappelijk contact. Een sociolinguïstische benadering was: een of meerdere talen staan in contact als deze in een groep worden gebruikt. In dit geval zou men een groep als meertalig kunnen beschouwen als de talen afwisselend worden gesproken. Taalcontact wordt dus door meertalige mensen binnen een groep of maatschappij gerealiseerd. De Swaan (1999) spreekt in dit verband van een transnationale maatschappij omdat deze groepen ontstaan door het gebruik van bepaalde talen, en niet omdat men burger

[70]Metzler Lexikon Sprache: "Sprachkontakt" (vertaling door mij J.K.)

van een land is.. Volgens de Swaan wordt het contact oftewel de link door meertalige individu´s gelegd:

> "Taken as a hole, [...] the evolving global constellation of languages takes its coherence from multilingualism. These multilingual speakers ensure the cohesion of the human race [...]."[71]

Een belangrijk werk over taalcontact is afkomstig van Uriel Weinrich uit het jaar 1968. Hij heeft het over het taalcontact, dat in het menselijk hoofd ontstaat. Het boek ontstond vanuit een structuralistische achtergrond en richt zich op de structurele verandering die door dat taalcontact ontstaat:

> "The term interference implies the rearrangement of patterns that result from the introduction of foreign elements into the more highly structured domains of language."[72]

Interferentie wordt in dit verband het sleutelbegrip en gedefinieerd als

> "those instances of deviation from the norms of either language which occur in the speech of the bilinguals as a result of their familiarity with more than one language, i. e. as a result of language contact."[73]

Het gericht zijn op taalcontact in een structuralistisch verband is gelijk aan een psycholinguïstieke benadering van het verschijnsel. Maar ook Weinrich stelt al de vraag, in hoeverre het prestige en de sociale waarde van talen een rol bij het taalcontact zullen gaan spelen. Hij merkt dus wel op, dat er een sociale kant aan taalcontact zit. In de meeste gevallen is taalcontact het gevolg van sprekercontact. Aan de andere kant staat zodoende een sociolinguïstische oftewel ecolinguïstische[74]

---

[71]Swaan, A. de 1999, p. 3

[72]Weinrich, U.: 1968, p. 1

[73]ebd.

[74]Ecolinguïstiek: grof omschreven bevat deze stroming als deel van de sociolinguïstiek de ontwikkeling en interactie van sprekers en gemeenschappen van taal, in tegenstelling tot de structurele linguïstiek. Deze stroming onderscheidt zich van de sociolinguïstiek door een andere waardering van taal, die dezelfde onderliggende mechanismen heeft als andere biologische verschijnselen op aarde. Onder andere wordt erop gewezen dat taal geen statistisch iets is maar zich in een voortdurende dynamische en verschillende wisselwerking

benadering. Daarbij gaat het om de gevolgen die voor het gebruik van talen zijn ontstaan nadat een contact heeft plaatsgevonden. De consequentie van het aannemen van een andere dominerende taal is het verlies van de "oudere" taal of het ontstaan van diglossiesituaties. Dit is maar het basisscenario en is gebaseerd op de situatie dat een taal met een veel grotere reputatie, d.w.z. met een grotere economische en politiek krachtigere achtergrond, alle domeinen van de eerste taal dreigt over te nemen. Deze benadering geldt zeker ook voor de Europese situatie. Er spelen vele menselijke overwegingen mee als het om de rol gaat die aan talen wordt toegekend. Deze overwegingen hebben vaak met emoties een vooroordelen te maken. Er gaat namelijk wel een besluit aan de situatie vooraf, wat de officiële rol van talen betreft, waarbij attitudes, naast praktische overwegingen, wel weer een belangrijkere rol gaan spelen.

Een sociale contactsituatie ontstaat dus tussen sprekers van meerdere talen binnen een gemeenschap of in het grensgebied van twee of meer gemeenschappen. Het taalcontact heeft vaak verschillende concrete gevolgen voor de talen of de taalgemeenschappen, en wel de volgende:

- De talen worden alternerend gebruikt. In dit geval is er sprake van codewisseling. Codewisseling wordt meestal gedefinieerd als "the alternate use of two or more languages in the same utterance or conversation."[75] Daarachter staat een neutraliteitsstrategie voor de gelijkwaardigheid van de *betreffende* talen. Een extreme vorm zou dan de verdubbeling van de uiting zijn wanneer met een uiting ook de vertaling ervan wordt gegeven.
- De ene taal verandert onder invloed van de andere. Er is sprake van interferentie (inmenging, storing) of van transferentie als het omgekeerde proces. Beide vormen worden samengevat als taalmenging. De extreme of totale vorm van taalmenging is dus het uitwisselen van een taal of het zogenoemde taalverlies of de pidginisering.

---

van onderliggende ontwikkelingen bevindt. In deze samenstelling geldt de taal als iets natuurlijks dat om dezelfde reden onder de natuurwetten geplaatst mag worden. Ik verwijs hierbij naar William F. Mackey, Einar Hugen en Mario Wandruzska. "Mehrsprachigkeit ist kein Zustand, sondern ein Vorgang." (Wandruzska 1979, p. 76)

[75]Grosjean, 1982, citeert volgens Sachdev / Bourhis, Handbook of Language and Social Psychology, 1990

- Het gebruik van de talen wordt in domeinen verdeeld. Er ontstaan karakteristieke groepen van situaties waarin de ene of de andere taal wordt gesproken. Er ontstaat een stabiele meertaligheid, die diglossie of triglossie wordt genoemd. Diglossie is het naast elkaar bestaan van twee variëteiten, waarvan de ene als een H-variëteit (high) van een taal en de andere als een L-variëteit (low) wordt beschouwd.

Alle verschijnselen vinden op basis van een taalkeuze plaats. De keuze kan voor of tegen een taal of voor alle talen worden gemaakt en heeft met taalloyaliteit te maken. Ervan uitgaande dat iemands taal een deel van zijn eigen en zijn groepsidentiteit uitmaakt, bepaalt deze waarde de te nemen keuze. Deze waardering wordt dus op de waardering van een taal overgedragen. Er ontstaat interferentie of diglossie.
De gevolgen van taalcontact kunnen in de volgende categorieën worden ingedeeld.

1. De actuele gevolgen: "Ausländerregister", codewisseling, taalmenging
2. De synchrone diagnose: Enkele sporen van het contact in een taalsysteem, meestal is het lexicon daarbij het eerst betrokken
3. De diachrone ontwikkeling van taalsystemen: verandering van de meeste registers van de taalstructuur tot taaluitwisseling

Zoals gezegd ontstaat taalcontact pas door het met elkaar praten van mensen. Maar in het geval van de Europese situatie in het algemeen en van de jongeren in het bijzonder bestaat een bijzondere vorm van taalcontact. Er moet dus ook vanuit een ander perspectief worden gekeken: de mondiale constellatie van talen en de mogelijke contactsituaties ten opzichte daarvan. Er ontstaan groepen die regionaal minder uniform zijn en die dan misschien wel weer overal ter wereld terug te vinden zijn en dus als taalgroep weer een actief contact kunnen beleven.
De invloeden, die het Engels op de Europese talen heeft zijn veelvuldig en afhankelijk van de manier waarop een taalcontactsituatie tot stand komt. Voor alle situaties geldt dat het contact voor de meeste mensen over het algemeen passief is (door verspreiding van alle soorten media).[76] Als er sprake is van een actief

[76]Behalve in grote delen van het bedrijfsleven, waar Engels nog het makkelijkst wordt (Fink et al. 1997, van Els 2000) aangenomen als in bedrijven de voertaal Engels zou zijn. Maar dit

taalcontact, dan vindt dat meestal onder bijzondere, niet-alledaagse omstandigheden plaats, zoals op vakantie of tijdens een ander soort verblijf in het buitenland. Van de door mij ondervraagde leerlingen geeft slechts 19 procent aan dat men soms of regelmatig Engels spreekt.

De belangrijkste bronnen van contact zijn wel het onderwijs van het Engels, de muziek, de TV en (bijvoorbeeld in Nederland en België) de bioscoop. Normaal gesproken is er sprake van een taalcontactsituatie als ten minste twee talen in een bepaald gebied op elkaar stuiten. Voornamelijk door de veranderde communicatiestructuur van de afgelopen jaren ontstond een veranderde manier van contact, die zonder de naburigheid van een taalgemeenschap kan werken. Men zou dus kunnen stellen dat de attitudes ten opzichte daarvan minder van persoonlijk contact afhankelijk zijn, maar meer van de "thuissituatie" waarin men met het Engels wordt geconfronteerd zonder direct te kunnen reageren op iemand die de taal heeft gesproken. De taal en de boodschap is aanwezig, de spreker is over het algemeen ook te zien maar er vindt geen communicatie plaats. De communicatieve waarde van het taalcontact moet met anderen dan de moedertaalsprekers van het Engels worden gerealiseerd. Er vindt geen eigenlijke taalcontact plaats en het contact met het Engels heeft voor een groot deel slechts een receptiebetekenis. Een grote rol bij dit soort passief taalcontact spelen de massamedia. Er is nog nauwelijks onderzoek gedaan naar de gevolgen van de massamediale invloed op een andere dan in de media gepresenteerde taal.[77] Maar toch wordt de sociale betekenis van het Engels in een toekomstige samenleving vrij hoog geacht en het kunnen spreken van die taal lijkt vanzelfsprekend te zijn. 24,2 procent van de informanten geeft zelfs aan zonder het kunnen spreken van Engels later misschien geen baan te zullen krijgen.

In het geval van het Engels zoals het voor de onderzoeksgroep van belang is, waar slechts een passief taalcontact[78] plaatsvindt, zou op de eerste plaats sprake kunnen

---

domein wordt in dit onderzoek buiten beschouwing gelaten, omdat de scholieren nog grote mate van contact met de bedrijfswereld kunnen aantonen.

[77]HSK 12.1 Sprachkontakt

[78]Op de vraag waar de informanten voor de eerste keer Engels hebben gesproken, worden de volgende antwoorden gegeven:

		Frequency	Percent	Valid Percent
Valid				
familie	77	8,3	8,3	8,3

zijn van interferentie of van diglossietendenties. Waarschijnlijk is de ontwikkeling voor het ontstaan van een diglossie (of triglossie met de dialecten) nog van te korte duur. In het geval van een passieve taalcontactsituatie zou men kunnen verwachten, dat van de actuele gevolgen vooral het fenomeen van interferentie naar voren komt. Omdat er niemand aan te spreken valt is de manier van beïnvloeding eenzijdig. Hetzelfde geldt ook voor de synchrone diagnose. Er zullen meer leenwoorden ontstaan dan er woorden worden verleend. Aan de andere kant wordt duidelijk dat het domein van het Engels het internationale contact is. Naarmate het persoonlijke leven internationaliseert en het contact dus actiever wordt komt men in een situatie terecht waar de klassieke contacttheorieën weer gelden. Alleen, dit is voor velen niet het geval. De internationale wereld is weliswaar "te zien" maar niet vaak te beleven. Deze situatie zal het beeld van de taal en de houdingen ten opzichte daarvan bepalen.

In ieder geval ontstaat ook door deze situatie in zekere mate een taalconflict tussen de verschillende taalniveaus. Een conflict ontstaat immers overal waar talen op elkaar stoten[79]. Het gaat in dit geval om meertaligheid en interferentie als de belangrijkste zichtbare eigenschappen van dit conflict. De verschillende communicatie- en mediadomeinen zijn de basis van dit conflict, in veel belangrijkere mate dan het persoonlijke contact

Men moet er dus ook van uit gaan dat attitudes ten opzichte van het Engels ook met de oordelen over de leenwoorden en de verengelsing van de moedertaal in verband

vrije tijd	15	1,6	1,6	10,0
school	545	59,0	59,0	68,9
vakantie	287	31,1	31,1	100,0
totaal	924	100,0	100,0	

Op de vraag naar het dagelijkse taalgebruik werden de volgende antwoorden gegeven, waarbj gekozen kon worden voor 1 (nooit) tot en met 5 (altijd). Daarbij moet rekening worden gehouden met het feit dat scholieren natuurlijk regelmatig contact tijdens het onderwijs kunnen voorwenden.

	N	Minimum	Maximum	Mean
ERVARING				
924	1,00	5,00	2,8447	,9999
Valid N (listwise)				
924				

[79]Zie hoofdstuk 5.5

worden gebracht. Bij het taalcontact gaat het vaak om een interferentiefenomeen zoals bij de fonetische interferentie bij de uitspraak van Engelse woorden met "Auslautverhärtung" en de neiging tot verstemlozing.

Waar codewisseling plaatsvindt, zijn vermoedelijk vaste frasen of vormen van het reciteren aanwezig.
Een taal blijft tijdens het actuele taalcontact onveranderd. Dat blijven talen echter nooit, maar het ogenblik van contact laat geen actueel continuüm zien. Het taalcontact met het Engels vindt dus nauwelijks tussen sprekers plaats maar tussen de talen (als organisme) zelf. Deze stelling lijkt merkwaardig maar deze benadering werd vroeger wel vaker gebruikt. Deze taalcontrastieve theorie gaat terug op Mackey[80]. De communicatiesituatie speelt er (nog) geen belangrijke rol in.
Het basisbegrip voor Mackey is de "distance interlinguistique", de "tussentalige afstand" met betrekking tot de verscheidenheid van de talen zelf. Hij probeert criteria voor het duidelijk afbakenen van talen op te stellen, om uit te sluiten dat bepaalde veranderingen niet aan het taalcontact maar aan een interne verandering of andersom worden toegeschreven.

Naar aanleiding van de beschrijvingen van Ehlich[81] is ook een conflict te verwachten, dat wellicht een ander sociaal oriëntatiepunt heeft. Dit is meer op het verlies van de eigen identiteit gericht en minder op het overnemen van een andere. Ehlich stelt in een korte typologie[82] 10 verschillende vormen van taalcontact voor, die allemaal een verschillend conflictpotentieel hebben:

1. Het uitgaanspunt is dat er geen contact bestaat tussen sprekers en de talen van de taalgemeenschappen (A) en (B).
2. Er bestaat een lokale afgesloten omgeving van A- en B-gebieden, maar er vindt wel contact in het grensland plaats, dat door beide groepen wordt geïnitieerd.
    a. Grote variëteit van individuele meertaligheid
    b. Ontstaan van een "Mischsprache", een mengtaal

---

[80]Mackey, W. F., 1980
[81]Ehlich, K.: "Communication disruptions: On benefits and disadvantages of language contact." *In:* Pütz, M.: Language contact and language conflict. Amsterdam:Benjaminis, 1994
[82]De tabel van Ehlich is in de Appendix weergegeven

- Groepen waar het contact door A wordt geïnitieerd:

3. Een sporadisch contact. Het contact ontstaat bijvoorbeeld door handelsbewegingen vanuit het eigen gebied naar het andere. A betreedt het gebied van B en keert weer terug. De handelaar leert de taal van B, L_b.
    a. Hier zou een pidgin kunnen ontstaan
4. Hetzelfde als bij 3 maar zonder de eigenschap <+sporadisch>. Er is een massale beweging van A naar B
    a. Zoals de Latijns-christelijke migratie naar de Germaanse gebieden in de 5[de] en 12[de] eeuw met de daaruit volgende meertaligheid. L_A overlapt L_B.
    b. Immigratie naar het gebied B met het doel om daar voor de lange termijn te blijven. Dit resulteert meestal in individuele meertaligheid of taalverlies van L_A.
5. Intrusie of agressie. Gewelddadig contact van A en B, met het gevolg van een opgedrongen taal over het verslagen gebied. De winnaar werkt in de doelrichting van het laten uitsterven van L_B. Het gevolg is taalverlies van L_B of taalmenging met dominantie van L_A.
6. Tijdelijke ingressie. Zoals het geval bij kolonisatie.
    a. Creolisering

- In deze types is A de initiatiefnemer van het contact geweest. Bij de volgende groepen zal dat B zijn. A-initiatief staat dus voor "language input" en B-initiatief voor "language intake"

7. Imprehensie, dat betekent bijvoorbeeld een taalinbreng in een bepaalde zin van het begrip, zoals bij de overname van het Frans in Europa in de 17[de] en 18[de] eeuw door de bovenste lagen van de Europese bevolking.
    a. Het gevolg is een verticale meertaligheid
8. Implantatie: Dit is een bijzonder geval van intrusie met het verschil dat het initiatief van B uitgaat. Dit is het geval met het aanwerven van bevolkingsgroepen uit het buitenland, het rekruteren van zogenaamde gastarbeiders.
    a. Dit kan leiden tot isolatie (geen contact) of tot taalverlies.

9. Subordinatie: Verschillende redenen (politiek of economisch) kunnen de oorzaak van subordinatie van B in het gebied van A zijn. L_A wordt daarbij overgenomen. Voorbeelden zijn het niet-geslaagde poging van de Japanner Mori Arinori om de Engelse taal in Japan over te nemen (1873). Een andere reden is volgens Ehlich de situatie in de Bretagne.
   a. Het gevolg is taalverlies
10. Ten slotte kan er sprake zijn van "intection" oftewel intectie. Dit neologisme van Ehlich duidt op het overdekken van A en B met een institutionele en politieke superstructuur zoals het geval is in het tegenwoordige Europese eenheidsproces.
   a. Ontwikkelde multilingualiteit en multiculturaliteit.
   b. Het zal nog moeten blijken of dit inderdaad een apart gevolg zal zijn of dat zich dezelfde situatie voordoet als bij de intrusioe of de subordinatie. Één taal zal er in slagen, de "Eurotaal" te worden, waarschijnlijk het Engels.

4.4. DIGLOSSIE (Typologie III)

Een van de klassieke definities voor diglossie is afkomstig van Charles Ferguson uit het jaar 1959:

> "[Diglossie ist] eine relativ stabile sprachliche Situation, in der, neben den Hauptdialekten der Sprache (...), eine stark divergierende, streng kodifizierte (...) Varietät vorkommt, Träger eines weiten und angesehenen Literaturkorpus, aus einer früheren Periode oder aus einer anderen Sprachgemeinschaft stammend, die im Rahmen des Unterrichtswesens allgemein vermittelt und v. a. als Schriftsprache und als formales Sprachvehikel gebraucht, jedoch zu den täglichen Kommunikationszwecken von keinem Teil der Gemeinschaft verwendet wird."[83]

---

[83]Ferguson 1959, p. 336. Citeert volgens Valverdú, F. *In:* Kremnitz, G.: "Sprachen im Konflikt", Wien 1979, p. 55 (Vertaling door mij: [Diglossie is] een relatief stabiele taalsituatie, waain, naast de hoofddialecten van de taal (...) een sterk divergerende, strikt gecodificeerde (...) variëteit bestaat, die drager van een breed en gerenommeerd literatuurcorpus is. Deze heeft haar oorsprong in een vroegere periode of in andere

Als diglossie wordt dus het "naast elkaar" bestaan van twee variëteiten (of talen) gekenmerkt, waarbij een hoge variëteit (High variety – H-variety) tegenover een lage variëteit (Low variety – L-variety) komt te staan. De H-variëteit staat voor een taal die alle prestigieuze communicatieve functies vervult, zoals in het onderwijs als onderwijstaal, de media, de overheid, in zekere mate in het beroepsleven, enz. Daarentegen is de L-variëteit de taalvorm die de minder prestigieuze communicatiefunctie vervult. Zij wordt dus vaak voor de dagelijkse of gezinscommunicatie gebruikt en meestal niet voor publieke functies. De twee variëteiten hebben dus niet alleen verschillende functies, maar ook een ander soort prestige, waarde en literaire betekenis. Zij veronderstellen waardeoordelen. Volgens Ferguson wordt de H-variëteit via een formeel kanaal geleerd, zoals op school, en de L-variëteit via een natuurlijk kanaal zoals thuis.

De Amerikaanse wetenschapper Joshua Fishman noemt elke gemeenschap, die twee talen met van elkaar gescheiden functies hebben, diglossisch. Voor hem maakt de diglossie deel uit van de sociolinguïstiek. Het psycholinguïstische pendant zou dan de meertaligheid zijn. Meertaligheid is dus een verschijnsel van individueel taalgedrag en diglossie een kenmerk van de sociaal-culturele taalorganisatie. Ook hij onderkent de individuele en de maatschappelijke meertaligheid. De redenen voor gebruik van de ene of de andere taalvorm worden volgens hem bepaald door de gespreksituatie en de domeinen, zoals het groepsverband, de gesprekspartner of het gespreksonderwerp. Fishman combineert de twee vormen van meertaligheid en stelt vier mogelijke situatieve combinaties voor[84]:

- diglossie EN meertaligheid

Deze combinatie is een vorm van maatschappelijke en individuele meertaligheid. Een op die manier gestructureerde taalgemeenschap gebruikt afwisselend beide talen en maakt de keuze naar gelang de maatschappelijke rol van de talen.

---

taalgemeenschappen en wordt in het kader van het onderwijs algemeen overgedragen en vooral als schrijftaal en formeel middel gebruikt. Echter, ze behoort niet tot de alledaagse communicatiemiddelen van de gemeenschap of een deel daarvan.")

[84]Fishman 1967, p. 29 – 38)

- diglossie ZONDER meertaligheid

Deze situatie ontstaat als tamelijk gesloten groepen in andere gemeenschappen terecht komen en daar in hun behoeftes met een heel beperkt taalpatroon kunnen voorzien. Voorbeelden daarvan zijn vooral recent verstedelijkte gebieden in Afrika waar onder de arme bevolking geen maatschappelijke uitwisseling plaatsvindt.

- meertaligheid ZONDER diglossie

In dit geval is geen sprake van een maatschappelijke meertaligheid. Dit is bijvoorbeeld het geval als individuen als "gastarbeiders" naar een land komen waar een andere dan hun moedertaal wordt gesproken.

- NOCH diglossie NOCH meertaligheid

Deze situatie komt nauwelijks of maar in heel kleine groepen voor en is eigenlijk maar een theoretische.

Als men diglossie als maatschappelijke meertaligheid beschouwt zou dit concept kunnen worden gehandhaafd zonder van een waarderende indeling in een L- en een H-variëteit uit te hoeven gaan. Er vindt een domeinverdeling voor de variëteiten plaats die anders moet worden gekarakteriseerd. Deze vorm zou als niet-waarderende diglossie kunnen worden gekenmerkt.

4.5. TAALCONFLICT (Typologie IV)

Taalconflict ontstaat overal waar taalcontact plaatsvindt en is er een automatisch gevolg van[85]. Want er moet in bepaalde situaties of bepaalde domeinen voor één van ten minste twee talen worden gekozen. De talen conflicteren omdat niet altijd duidelijk is welke taal en door welke factoren de voorrang krijgt. Verder gaat het bij het conflict ook om deze factoren. Er bestaat dus een situationeel en een niet-situationeel taalconflict.

Het begrip taalconflict verwijst naar een strijd tussen talen en is als zodanig een gevolg van de nationalistische bewegingen in het Europa van de negentiende eeuw. In linguïstisch opzicht is dit fenomeen eigenlijk pas sinds kort opgemerkt en object

---

[85]Oksaar, E.: Spracherwerb – Sprachkontakt – Sprachkonflikt. 1984, Inleiding

van systematisch onderzoek geworden. In het Congrés de Cultura Catalana in 1977 werd taalconflict als volgt gedefinieerd:

> "Ein Sprachkonflikt liegt dann vor, wenn zwei deutlich voneinander verschiedene Sprachen sich gegenüberstehen, wobei die eine politisch dominiert und die andere politisch unterworfen ist. Die Formen der Dominanz sind vielfältig und gehen von den eindeutig repressiven bis zu den politisch toleranten, deren repressive Kraft v.a. ideologischer Natur ist. Ein Sprachkonflikt kann latent oder akut sein, je nach den sozialen, kulturellen und politischen Gegebenheiten der Gesellschaft, in der er auftritt."[86]

De tot een conflict leidende meertaligheid wordt dus volgens de klassieke definitie door een waarderende dualiteit en een daadwerkelijke onevenwichtigheid bepaald, omdat er sprake is van een situatie van coëxistentie van een dominerende en een gedomineerde taal.

De gevolgen van een taalconflict worden volgens Kremnitz (1994) substituering of normalisering genoemd:
De dominante of heersende taal neemt helemaal de overhand of de L-variëteit wordt via een normaliseringsproces langzamerhand verdrongen. Omdat de H-variëteit meestal ook de taal van de sociaal en politiek overheersende groep is, voltrekt zich een verwisseling van de machtsverhoudingen. Met substituering wordt de aanpassing van de hele bevolking bedoeld, maar de normalisering houdt een normativering van de standaard in, en natuurlijk ook een verspreiding van de dominerende taal op alle maatschappelijke en communicatieve niveaus tot gevolg heeft. Hierop volgt een uitbreiden van de functies en de domeinen (bv. de media) voor die taal .

---

[86]Volgens Kremnitz Gesellschaftliche Mehrsprachigkeit, 1994, p. 34. Vertaling (door mij): "Er is sprake van een taalconflict wanneer 2 talen tegenover elkaar staan die duidelijk verschillend zijn en waarvan de ene politiek dominerend en de andere onderworpen is. De vormen van dominantie zijn veelvoudig en variëren van duidelijk repressief tot politiek tolerant, waarbij in dit laatste geval de repressieve kracht vooral van ideologische aard is. Een taalconflict kan latent of acuut zijn, afhankelijk van de sociale, culturele en politieke omstandigheden, waaronder het taalconflict plaatsvindt."

Er zijn vier mogelijke individuele reacties als men met een taalconflict om moet gaan:

1. Assimilatie: dit is integratie in de overheersende en breuk met de eigen maatschappelijke groep. Daarmee wordt bedoeld dat een individuele spreker ten eerste probeert de L-variëteit aan te leren en zodoende ook zijn sociaal gedrag. Dit kan als bewuste (aanpassing tegen de wil) of onbewuste (automatisch aflopen van het overnemen van de domeinen van de H-variëteit) imitatie gebeuren. In het laatste geval wordt de moedertaal vaak laag gewaardeerd, zodat er vormen van zelfhaat kunnen ontstaan. Als het kunnen spreken in de eigen moedertaal namelijk tot voortdurende nadelen leidt, zou ook een heel negatieve attitude ten opzichte van deze moedertaal kunnen ontstaan. Een dergelijke, latente vrees zou zich op de lange termijn tegen de taal tot en met het meest zekere domein, het gezinsverband, kunnen richten [...].[87]

2. Versterking: dat wil zeggen dat verbinding met de eigen groep wordt versterkt en dat met de dominante of overheersende groep wordt gebroken. Deze houding bewaart het gebruik van de H-variëteit en verzekert het overleven van de eigen taal en meestal ook de cultuur. Dit is een van de natuurlijkste reacties op een taalconflict. Een uitwisseling van taal wordt niet gewaardeerd. Toch vinden er wel verschillende vormen van interferentie plaats.

3. Apathie: het proberen een bemiddelingspositie tussen de talen te vinden. Een taak die meestal in het vermijden of het onderdrukken van het conflict eindigt. Tegenstrijdige ervaringen zullen met elkaar verbonden worden en er wordt getracht de opposities en verschillen tussen de talen te ontkennen.

4. Niet-waarderende diglossie: afhankelijk van hoe het taalcontact, de sociale meertaligheid tot stand is gekomen, zou er een situatie van stabiele, niet-waarderende diglossie tussen de talen kunnen ontstaan. Er vindt geen proces van verdringing plaats.

---

[87]Nelde, P.: 1980, p. 118

Parallel met de veranderde interpretatie van het begrip diglossie is ook het begrip taalconflict zonder een dwingend dominerende rol van een van de talen voorstelbaar. In dit geval zou het conflict door de eigenschap van beide talen worden bepaald, dat ze voor alle domeinen kunnen worden gebruikt. De verdeling van de domeinen heeft een andere oorsprong, zodat het niet nodig is van een H- en een L-variëteit te spreken. De talen staan in concurrentie met elkaar, maar hun politieke kracht is ongeveer even groot. De hierboven beschreven definities en omschrijvingen kunnen gehandhaafd worden als de definities van de ideologische dimensie worden ontdaan.

Deze aanname wordt ook door de uitslagen van mijn onderzoek gesteund. Er zijn geen gepredisponeerde verschillen tussen de talen in het antwoorden op de vragen van de enquête te zien. De domeinverdeling loopt in de visie van leerlingen in Midden-Europa niet parallel met de klassieke verdeling van maatschappelijke lagen.

Het maatschappelijke taalcontact wordt gerealiseerd in de meertaligheid van de individuen en de waardering hangt van de verschillende situaties af waarin de sprekers verkeren.

In het volgende hoofdstuk wil ik graag de taal voorstellen die van buiten af in contact met de moedertalen treedt: het Engels zoals het op vele plaatsen in de wereld op veelvuldige manieren wordt gesproken.

5. ENGELS IN DE WERELD

> "Today there are still a number of regional Linguae Francae, such as Swahili in large areas of Sub-Saharan Africa, Hindustani in the Indian subcontinent, classical Arabic in North Africa and the Middle East. But only one can hope to become the first (and predictably only) universal Lingua Franca of the first (and predictably only) speaking species on the planet earth. It is not the language with most native speakers and, providing the linguistic territoriality is allowed to stick, will never become it. It is not the language for which the average knowledge is highest, though it may become it soon. It is a language which has no intrinsic value, no phonetic or synthetic advantages, no aesthetic superiority that might have predestined it for such exceptional fate. It is the sloppy mixture of a Germanic dialect once spoken in Schleswig-Holstein and of a Romance dialect once spoken in Normandy. It is a hybrid that gradually solidified and slowly spread throughout Europe's largest island, before invading some surprisingly underpopulated areas much further afield and starting here, in resolutely Gellner-like fashion, an impressively effective job of linguistic cleansing through conversion."[88]

Het gaat in dit hoofdstuk om het Engels als lingua franca. Ik wil dit begrip definiëren als een taal die voor de internationale en intertalige communicatie wordt gebruikt. Het begrip ontstond als omschrijving van een mengeling uit verschillende talen die als voertaal van de zeelui in de Middellandse Zee tijdens de Middeleeuwen werd gebruikt. Het gaat bij dit begrip om de kwaliteit van een internationaal communicatiemiddel. Dat hoeft niet een mengeling van talen te zijn, het kan evengoed een taal zijn die over een heel groot gebied verspreid is en door vele mensen als tweede taal wordt gesproken. Men zou deze ook evengoed een internationale taal kunnen noemen. Op zich kunnen daarom alle talen als lingua franca worden gebruikt en voor vele is dat ook het geval. Er bestaat een veelvoud aan talen die voor het internationale contact worden gebruikt. Maar toch is er sprake

[88] Parijs, P van.: "The ground Floor of the World. On the socio-economic consequences of linguistic globalisation." Pre-version for article in International Political Science Review 21.2, 2000

van één lingua franca. Daarmee wordt dan de belangrijkste internationale taal bedoeld die voor een bepaald gebied als lingua franca wordt gebruikt.
Er zijn wel redenen te vinden, waarom het Engels zo geschikt lijkt te zijn om als wereldwijde lingua franca te kunnen functioneren.

5.1. LINGUÏSTIEKE REDENEN VOOR HET ENGELS ALS LINGUA FRANCA

Gezien den politieke en economische kracht van de VS is het ook niet verwonderlijk dat het Engels op grote schaal verspreidt. Er zijn ook linguïstische componenten waardoor het Engels bijzonder geschikt lijkt om als internationale taal te kunnen worden gebruikt. De taal is al veel in gebruik en wordt al door enorm veel mensen gesproken. De taal schijnt gemakkelijk zijn te leren en te gebruiken en geldt soms ook als eenvoudig. Daarmee wordt de grammaticale structuur bedoeld die over het algemeen geen eigenschappen laat zien die door sprekers van andere talen als bijzonder moeilijk worden geacht. Naar schatting spreken er wereldwijd ongeveer 320 miljoen en in Europa ongeveer 58 miljoen mensen Engels als moedertaal en zijn er ongeveer 750 miljoen[89] mensen die de taal als L2 beheersen. De grote verspreiding door het kolonialisme en de wereldhandel is daar het bewijs van.

Het Engels wordt gekenmerkt door een bijzonder sterke hybriditeit. Dit werd in het begin van dit hoofdstuk al aangeduid. Vele immigratiebewegingen naar het huidige Engeland en latere kolonisatiebewegingen vanuit het Britse continent over de hele aardbol hebben een taal laten ontstaan, die van buiten de Engels moedertaal komende invloeden makkelijk kan incorporeren. In vele landen is het Engels de tweede taal geworden. Dit geldt bijvoorbeeld ook voor het Scandinavisch-Nederlandse "blok" en Ierland (waar het Iers slechts als taal van een minderheid blijft bestaan)[90]. Engels kwam na alle verspreiding als een taal uit de bus, die makkelijk te veranderen bleek en die aan verschillende en steeds veranderende behoeften kan worden aangepast. Zij schijnt in veelvoudige samenhang en in alle varianten als tweede taal of als vreemde taal te functioneren. Haar komt een

[89]Ammon, U. 1996, van Parijs 2000, Stevens, P.: 1992
[90]Gerritsen, M. 1995

vermeend groot vocabulaire toe, dat ook nog sterk door de democratische geschiedenis van het Brits eiland zou worden gekenmerkt[91]. Nu kan het vocabulaire van een taal niet principieel, maar alleen tijdelijk groter zijn dan dat van andere talen. Dit zou ook een gevolg van de grote verspreiding kunnen zijn. De massale verspreiding van alle varianten van het Engels zou in verband met de grote en rijk geschakeerde woordenschat tot een democratisering van een globale communicatiestructuur kunnen leiden, doordat iedere taalgemeenschap aan deze structuur deel kan nemen met een "eigen variant" van die taal.
Dit zou natuurlijk voor vele talen kunnen gelden zoals bijvoorbeeld het Nederlands. Maar het is het Engels dat een bijzonder grote verspreiding heeft bereikt.
Het blijft moeilijk of soms wel onzinnig om dergelijke redenen aan te voeren voor de verdere verspreiding van het Engels als internationale taal. En als er een van die redenen uiteindelijk overeind zou blijven, komt dit door de eigenschap dat het Engels door een niet al te moeilijke grammaticale structuur makkelijk leerbaar is.

5.2. HET MULTILUNGUALE GEZELSCHAP

> "The affair at Babel was both a disaster and - this being the etymology of the word 'disaster' - a rain of stars upon man"[92]

Volgens de Bijbel zijn de mensen van Babel ooit begonnen om een toren te bouwen die tot de hemel, het rijk van god, zou reiken. Om deze hoogmoed van de mensen tegen te gaan, zou god de mensen hebben gehinderd om het gebouw af te maken door alle mensen in verschillende talen te laten spreken. De eenheid van de codecompetentie van de godgelijke logos werd toen in Babel van de mensen afgenomen. Nu staat de toren van Babel wel vaker voor een nieuwe Europese eenheid, die uit verscheidenheid zou moeten ontstaan. De multilingualiteit is Europees taalrealisme. Voordat Europa multinationaal werd, bestond het al lang als uitgebreid multilinguaal gebied. De meertaligheid werd dus ook geïnstitutionaliseerd in alle internationale Europese overheidsinstanties. Alles wat van Europees belang is moet in de 24 standaardtalen en het Iers beschikbaar zijn,

---

[91]Els, T. van: 2000. p. 65
[92]Steiner, G.: After Babel. Aspects of Language and Translation (second edition 1992). NewYork:OUP, 1975. citeerd naar: Hahn, Oliver: 1997

waarbij het Frans en in sterk toenemende mate het Engels een soort voertaal begint te worden. Ripa di Meana stelt

> "den Zugang zu allen Formen der Mehrsprachigkeit bzw. zu allen Bereichen kultureller Tätigkeit sowie Kommunikations- und Sprachtraining in neuen Bild- und Tontechniken als wichtigste Herausforderungen, auf die eine Antwort im Rahmen des europäischen Kulturraumes gefunden werden muß".[93]

Op zich is meertaligheid in één cultureel gebied geen bijzonderheid. Er bestaan wel andere gebieden op de aarde waar mensen als vanzelfsprekend de talen van meerdere linguïstische niveaus beheersen. Europa heeft toch een bijzondere geschiedenis, omdat men meestal in een eentalig gebied of in een gebied met een heel dominante taal leeft, die voor alle instanties en domeinen wordt gebruikt. Je hoeft niet per se een andere taal te kunnen spreken om in contact te kunnen komen met mensen van bijvoorbeeld een ander geslacht, een andere familie, een andere stad of regio of bij economische onderhandelingen met de andere kant van het land of het nationale bestuur. Vandaar zouden er regelingen moeten komen die de noodzakelijkheid van een multilinguaal bestuur in Europa kunnen sturen en bevorderen om het gebrek aan historisch gegroeide ontwikkelingen bij de omgang met meerdere talen te vervangen.

Iedereen moet de kans hebben zich in zijn eigen moedertaal te kunnen uitdrukken. Iemand die zich altijd maar in een vreemd idioom moet uitdrukken is meestal niet alleen beperkt in de mogelijkheden maar hij komt ook zo over.[94]

De noodzakelijke taken die in verband met deze taalsituatie moeten worden uitgevoerd zijn volgens mij de volgende:

---

[93]Ripa di Meana, C.: "Aktionen der Gemeinschaft im kulturellen Bereich". EG-Magazin, 9, p. 16-17, 1987
Vertaling door mij J.K.: "toegang tot alle vormen van meertaligheid resp. tot alle gebieden van culturele activiteit, inclusief communicatie- en taaltraining met nieuwe beeld- en geluidstechnieken als belangrijkste uitdagingen, waarop een antwoord in het Europese cultuurgebied moet worden gevonden."

[94]Hauser, E.: "Babylon" in Brüssel. Die Erweiterung der Gemeinschaft ist nicht nur ein wirtschaftliches Problem". EG-Magazin, 3, p. 11-12, 1985

Steun van de landen voor de moedertalen:

In de landen met het Engels als politiek gewilde, officiële taal bleek dat de andere nationale talen niet noodzakelijkerwijs wezenlijk aan betekenis hoeven te verliezen of uitsterven, wanneer deze bescherming krijgen van de nationale overheid van de landen en ten minste voor lokale behoeftes blijven bestaan, zodat zij voortdurend op een natuurlijke manier aan de volgende generatie worden doorgegeven.

> "[...] people don´t have any need to refer to English to support their own strong cultures, they just recognise the value of English."[95]

Het is de taak van de landen, de moedertalen van hun staatsgebieden te ondersteunen en te bevorderen.[96]

Duidelijke meertalige structuur van de Europese cultuurpolitiek, het bevorderen van niet-Engelstalige bilaterale betrekkingen:

Een Europese cultuurpolitiek zal de meertalige structuur van het Europese continent actief moeten bevorderen. Daarbij hoort dat men zich bewust wordt van de domeinen waarin de talen worden gebruikt en dat men bilaterale betrekkingen en betrekkingen tussen buurlanden op de grondslag van de nationale talen organiseert.

Het bevorderen van het Engels als een internationaal, multilateraal communicatiemiddel:

Een Europese cultuurpolitiek zou het gebruik van Engels als internationale taal actief moeten bevorderen en de ontwikkeling van de taal door passende mogelijkheden voor het onderwijs en de communicatiestructuren moeten kunnen beïnvloeden. Voor een goed werkende uitwisseling tussen de culturen, vooral in het kader van multilaterale betrekkingen, moeten de taalcompetenties van de burgers van de Europese landen voldoende zijn.

---

[95]Amey, J.: *In:* English in a modern society, p. 18

[96]Dit is door het taalonderwijs in scholen, de taal van de wetgeving, de literatuur en kranten te bereiken.

Het bevorderen van individuele meertaligheid en leescompetentie (passieve taalbeheersing / asymmetrische tweetaligheid):

Er worden vele mogelijkheden voor het realiseren van deze twee eisen bediscussieerd. Daartoe behoort als een van de meest reële en uitvoerbare mogelijkheden de zogenaamde passieve meertaligheid. Dat betekent dat het voor de meertalige communicatie voldoende kan zijn om de andere, vreemde taal te kunnen begrijpen, zonder deze te kunnen spreken. Op die manier kan iedereen zich in zijn eigen moedertaal uitdrukken en wordt men toch door iedereen begrepen. Achter zo'n model staat de verwachting dat het makkelijker zou zijn om in een andere taal een leescompetentie te verwerven dan een spreekcompetentie[97]. Uiteindelijk wordt daarmee bedoeld dat elke Europeaan naast het beheersen van zijn moedertaal en het Engels ook in staat is, een of meerdere andere talen te kunnen begrijpen. Er moet in dit geval minder vertaalwerk worden verricht. Volgens de Swaan (1998) behoort dit tot de meer realistische oplossingsmodellen[98].

Een ander voorstel leidt tot een algemene drietaligheid waarbij naast de moedertaal en het Engels nog minstens een andere taal actief wordt geleerd, waarschijnlijk een taal van een buurland. Dit stelt hogere eisen aan het vreemde taalonderwijs en aan de mogelijkheden voor leerlingen om opleidingen in verschillende landen van Europa te kunnen volgen. Daarom zou het taalonderwijs meer op het leren van de levende Europese talen gericht moeten zijn dan op een ruime kennis van de grammaticale afkomst van de talen, zoals het leren van het Latijn. Met aangepast onderwijs is volgens mij ook dit model vrij realistisch.

Aan de andere kant staat de wens om alleen een taal te hebben die door alle mensen wordt gesproken. Toch is deze wens al lang niet meer zo sterk. De Babylonische spraakverwarring lijkt voor de mensen geen ramp meer, maar een kans voor het bewaren van verschillende en unieke domeinen. Alleen maar één codering te hebben lijkt voor velen geen harmoniserende waarde meer te zijn. Men vreest in verband daarmee eerder een commercialisering van de (incorporerende) cultuur[99].

---

[97]Wandruszka, M.: 1984, p. 71
[98]de Swaan, A.: 1998, p. 11
[99]de Swaan, A.: 1998

Uit de ontwikkeling van een van de meest belangrijke media voor de jeugdcultuur, het tv-muziekprogramma MTV (**M**usic **T**elevision) blijkt dat ook voor de "internationale jeugd" het Engels alleen een belangrijk rol mag spelen als het naast de moedertaal komt te staan, zonder dat deze vervangen dreigt te worden. Ik zal daar in hoofdstuk 5.4 nader op ingaan.
In het volgende hoofdstuk gaat het om de rol die het Engels in Europa speelt. Naast een algemene beschouwing gaat het om taalcontact, om de daaruit volgende diglossie en om de invloed van de media, waarvoor ik twee voorbeelden zal geven.

5.3. ENGELS IN EEN NIET-ENGELSTALIGE MAATSCHAPPIJ – EUROPA

> "Having chosen English as the preferred language in the European Union (EU), the European Parliament has commissioned a feasibility study in ways to improve efficiency in communications between government departments.
> European officials have often pointed out that English spelling is unnecessarily difficult. What is clearly needed is a phased programme of changes to iron out the anomalies. The program would be administered by a committee appointed by the participating nations.
> In the first year, for example, the committee might suggest using 's' instead of the soft 'c'. Sertainly, sivil servants in all sities would reseive this news with joy. The hard 'c' could then be replased by 'k' sinse both letters are pronounsed alike. This would klear up al lot of konfusion in the mind of klerikal workers.
> In the sekond year, bekause of growing enthusiasm, 'ch' would be replased by 'c'. This would make words like 'switc' 20% shorter. Similarly, it will be announsed that the troublesome 'ph' would henseforth be replased by 'f'.
> In the third year, publik akseptanse of the new spelling kan be expekted to reac the stage where more komplikated canges are possible. Governments would enkourage the removal of double letters whic have always ben a deterent to akurate speling.

> We would al agre that the horible mes of silent ‘e’ ′s in the languag is disgrasful. Therfor, we kould drop thes and kontinu to read and writ as though nothing hapend.
> By this tim it would be four years sins the skem began, and peopl would be reseptiv to steps suc as replasing ‘th’ by ‘z’. Perhaps zen ze funktion of ‘w’ kould be taken on by ‘v’, vitc is, aftr al half a ‘w’.
> Finaly, ze unesesary ‘o’ kuld be dropd from words kontaining ‘ou’. Similar arguments vud of kors be aplid to ozer kombinations of leters
> Kontinuing zis proses yer aftr yer, ve vud eventuli hav a reli sensibl riten stil. Aftr tventi yers zer vud be no mor trubls or difikultis and evrion vud find it ezi tu understan esh ozer. Ze drems of the EU vud finali kom tru.”[100]

In een artikel met de titel “English in a brave new Europe” geeft Robert Phillipson een uiting van de Amerikaanse ambassadeur in Denemarken weer die zei dat het ernstigste probleem voor de integratie en de ontwikkeling van de Europese Unie het grote aantal talen was.
Dat lijkt weliswaar sterk op een Amerikaanse blik op de wereld, en het behouden van de Europese taaldiversiteit en de moeite die daarvoor wordt gedaan, zou inderdaad ten dele van dapper anti-Amerikaanse oorsprong kunnen zijn. Waarschijnlijker is dat talen in Europa een heel gevoelig onderwerp zijn en er niet zomaar een andere situatie zal ontstaan dan de huidige, zelfs als de wil daarvoor duidelijk aanwezig zou zijn.

Europa neemt in de taalgeschiedenis een bijzondere plaats in, omdat de talen zeer sterk aan de verschillende nationale staten zijn gebonden. Als een gevolg daarvan ontstond met de Europese eenwording het wereldwijd grootste aantal talen dat binnen een internationale organisatie van landen, de Europese Unie, wordt gebruikt.
De nationale ontwikkelingen zijn aan de ene kant mede het grootste hindernis voor een Europees eenheidsbeleid en zij zijn tegelijkertijd aan de andere kant een belangrijke kans op veranderingen en beweging voor elke betrokken natie.
In verband met de economisering en met het oog op de wereldeconomie[101] en de bijzondere verhouding met de VN is het Engels heden de *de facto* lingua franca van

---

[100]Onbekend publicatie op internet
[101]In Europa staat het Engels op de derde plaats wat de economische kracht betreft. Zie daarvoor tabel 2 in de Appendix.

de Europese Unie geworden. Volgens een studie over de Europese Unie leert 83 procent van de scholieren in Europa als tweede taal Engels, slechts 32% leert Frans en 16% Duits op school.[102]

Natuurlijk zijn de Europese landen niet helemaal eentalig. Integendeel, alle landen, met uitzondering van IJsland, zijn meertalig. Deze kleinere taalgemeenschappen, waarvan de taal niet de officiële taal van het land is, vechten in de meeste gevallen een langdurige strijd tegen de nationaal overheersende taal. De sprekers van deze talen hebben over het algemeen wel de officiële taal van het land als moedertaal en zijn tweetalig.

Europese meertaligheid staat dus onder meer onder invloed van nationale meertaligheid, van de minderheidstalen en van de "gastarbeiderstalen" uit andere continenten, bijvoorbeeld het Turks of Marokkaans.[103] Dat wil zeggen dat er niet alleen tussen de standaardtalen en één internationale taal moet worden gekozen maar ook dat andere talen een rol in deze keuze spelen.

Hoe de ontwikkeling van een lingua franca nu ook verloopt, de situatie waarin de huidige nationale talen verkeren is vrijwel stabiel en het is niet waarschijnlijk dat ze beslissende domeinen zullen verliezen. In alle landen van de EU leren de kinderen hun moedertaal eerst en beginnen pas met het leren van een andere taal als zij hun taalverwervingsproces voor een belangrijk deel hebben afgesloten. In elk land worden voor alle domeinen de nationale taal gebruikt. Het blijkt dat zolang een taal de bescherming van officiële status geniet en er voldoende sprekers zijn, er geen sprake is van dreigend taalverlies, alleen omdat er een ontwikkeling tot meertaligheid is te zien. Verder bleek uit onderzoek dat voor bilaterale contacten tussen verschillende regio's binnen de Europese Unie nog steeds voor alle domeinen een van de buurtalen wordt gebruikt. Er wordt vaak voor meertaligheid gekozen, zodat het Engels een van deze talen is. Als er echter voor een eentalige communicatieversie wordt gekozen is dit meestal niet het Engels.[104]

Het is wel belangrijk om Engels te kunnen begrijpen en te gebruiken. Ook zou deze competentie niet alleen van bepaalde domeinen afhankelijk zijn. Maar voor alle domeinen geldt dat zij ten eerste het domein voor de moedertaal zijn en daar bovenop nog wat Engels mag komen. Dit is tot nu toe vooral het geval voor de

---

[102] "Dumbstruck", The Economist (14 January 1995), p. 45

[103] Nelde/Ureland/Clarkson 1986, Inleiding

[104] van Els, T.: 2000

internationale communicatie, bijvoorbeeld om aan een discours een bepaalde symboliek toe te voegen. Of door de woordenschat te verrijken door bepaalde dingen met een Engelstalig term te benoemen, die meestal een heel beperkte betekenis ten opzichte van een gebruiksdomein heeft, zoals met veel woorden uit de computertechnologie het geval is. Een server in het Nederlands betekent wel iets anders dan alleen de letterlijke vertaling van het woord: iemand die serveert.
Echter, om dit evenwicht te behouden moeten wel politieke stappen worden genomen. Gewoon de dingen hun vrije loop laten levert voor de talen het gevaar op dat vele domeinen verloren gaan en dat ze ten slotte niet meer aan de volgende generatie worden doorgegeven.[105]

Verder zou de meertaligheid tot veel voordelen kunnen leiden: Er wordt daardoor een kans geboden om af en toe ook in een international verband in de eigen moedertaal te kunnen spreken. Daarnaast word het gewoon om meertalig te zijn opgegroeid en ook het spreken en omgeven zijn door meerdere talen als normaal te beschouwen. Mede daardoor ontstaat een cultureel diversiteitbewustzijn, wat voor de Europese samenwerking van groot belang is.

Engels is als de toekomstige taal van Europa nu al wereldtaal te noemen en vooral Europa en Japan gelden als de belangrijke gebieden waar het Engels als tweede taal wordt gebruikt. In Europa spreken steeds meer mensen Engels, zowel in totaal als vergeleken met het aantal moedertaalsprekers. Dit aantal wordt zelfs minder.
Europa bestaat volgens Vlaerinck[106] uit 16% moedertaalsprekers en 41% EFL-sprekers.
Wereldwijd worden door de Ethnologue, de database voor de wereldtalen en opgezet door het Summer Institute of Linguistics[107], 83 landen en regio's op de wereld genoemd waar Engels wordt gesproken.
Buiten Engeland en Ierland is de Engelstalige competentie sterk toegenomen. Volgens een door de reclame-industrie gemaakte indeling bestaat er een Engelstalige groep van Europese landen, waartoe behalve de "moedertaallanden" ook de Scandinavische landen en Nederland behoren.[108] 77% van de volwassen

---

[105] de Swaan, A.: 1999
[106] Vlaerinck, S.: 2003, p. 36 f.
[107] Grimes, B.: 1996
[108] Griffin, T.: "International Marketing". Trowbridge:Redwood, 1993

Deense en 75% van de Nederlandse bevolking wordt als Engelstalig beschouwd. Dat houdt in dat men in staat is om een conversatie te volgen[109]. Dit kan natuurlijk ruim worden opgevat en de weergegeven cijfers zijn sterk afhankelijk van het doel dat men daarmee wil bereiken.
In ieder geval zijn de verschillen binnen Europa nogal groot. Naast de Engelstalige landen, zijn er ook de "Duitstalige landen" en de "Latijnse landen".
In de volgende tabel uit Gerritsen (1995) zijn cijfers te zien die nog steeds geldig lijken te zijn, ook als men ervan uit moet gaan dat deze in de afgelopen jaren nog iets gestegen zijn. (De bron van deze tabel is de Reader´s Digest Eurodata 1990.)

Land	Aantal Engelstaligen in procenten
Verenigd Koninkrijk	100
Zweden	73
Nederland	72
Denemarken	61
Noorwegen	58
Finland	48
Duitsland	44
Oostenrijk	42
Zwitserland	40
België	34
Frankrijk	31
Griekenland	28
Portugal	25
Italië	16
Spanje	13

In totaal werd in 1995 gesteld dat er 95 miljoen Engelstalige mensen in 15 Europese landen zijn. Tegelijkertijd wordt dit als een bijna bereikt hoogtepunt beschouwd waarna het totale aantal weer terug zou lopen. De groei van de Engelssprekende bevolking bedraagt nog ongeveer 3% per jaar. Er wordt uitgegaan van een actueel cijfer van 33% procent Engelstaligen. Dat is een aantal dat tot 2050 tot twee derde

[109]Graddol. D. : "The decline of the native speaker". *In:* English in a modern society, 1999

van de Europese bevolking zal stijgen. In 2004 waren er 6900 nieuwe banen in de EU waarvan 2070 voor taalkundigen in verband met de uitbreiding van de EU[110].
In ieder geval geldt voor de actuele cijfers nog dat er sprake is van een minderheid die als Engelstalig kan worden beschouwd. Uit mijn onderzoek bleek nochtans dat 72 procent van zichzelf zegt dat ze goed Engels kunnen spreken:

ENGLKOM

		Procent
Valid		
	vloeiend	**5,2**
	goed	**72,0**
	slecht	**14,2**
	Totaal	91,3
Missing	System	8,7
Total		100,0

Er zijn wel wetenschappelijke onderzoeken gedaan naar de gevolgen voor het Engels en de gevolgen voor de andere talen, als het Engels als wereldtaal of lingua franca wordt beschouwd. Daarbij staan twee punten centraal: het contactverlies met de moedertaalsprekers en het ontstaan van "new Englishes".

> "In future English will be a language used mainly in multilingual contexts as a second language and for communication between non-native speakers."[111]

De verhouding tussen moedertaalsprekers en sprekers van het Engels als tweede taal verandert in die zin dat het relatieve aantal moedertaalsprekers behoorlijk afneemt. In afnemende mate is het Engels in bepaalde contexten de taal van "de" of "één" Engelsman. Het is meestal het talige hulpmiddel voor de internationale communicatie. In verband daarmee wordt de taal in de loop van de tijd weer de moedertaal van andere bevolkingen, zoals dit in de ESL-landen vaak het geval blijkt te zijn. Op die manier ontstaat een van het oorspronkelijke Engels verschillende variant, die niet altijd door andere Engelstaligen wordt begrepen.

---

[110]Nic Craith, M.: 2006
[111]Graddol/Meinhof: 1999, p.37

"Het belangrijke punt hier is dat de taal die systematisch als lingua franca wordt gebruikt, zodanige veranderingen ondergaat dat er op zijn minst geknabbeld wordt aan de dominantie die de 'natives' normaal via hun taal hebben."[112]

Men zou kunnen zeggen dat de Engelsen en Amerikanen de internationale variant van hun Engels kwijtraken. In de Ethnologue[113] werden zoals eerder gezegd wereldwijd 83 landen genoemd waar het Engels op grote schaal wordt gebruikt. In veel landen van de EU leven inmiddels meer mensen met een communicatieve competentie van het Engels dan mensen, die slechts hun moedertaal beheersen. . Het gevolg daarvan is vooral een verspreide meertaligheid.
Door de grote verspreiding van het Engels schijnt echter geen enkele Europese nationale taal in haar bestaan bedreigd te worden.[114] Deze verhouding werpt de vraag op, in hoeverre de moedertaalsprekers de bepalende instantie voor de gebruiksnormen van een taal zijn en een geprivilegieerde toegang tot het begrijpen van een taal hebben. In de toekomst zal de verhoogde behoefte aan leer- en grammaticaboeken Engels en leraren of leraressen Engels niet door enkel moedertaalsprekers kunnen worden vervuld. Dit zal dan door mensen, die het Engels slechts als tweede taal kennen, moeten worden aangevuld. Een variant van de "new Englishes" zou de L2-vorm van het Engels in Europa kunnen worden.

"New Englishes" worden de vormen van het Engels genoemd die door het gebruik door mensen van niet-Engelse, Ierse of Amerikaanse afkomst zijn ontstaan. Vaak zijn dit voormalige Britse kolonies, landen dus, die met hulp van de Engelse taal gekoloniseerd werden, maar die de taal wisten te behouden en voor eigen doelen te gebruiken. In de loop van de tijd zijn op die manier heel verschillende vormen ontstaan, waardoor het begrijpen niet meer gewaarborgd is. Het Indiaas Engels, het Namibisch Engels of het Maltees Engels onderscheiden zich heel sterk van elkaar, om maar drie voorbeelden te noemen. Op grond van een niet uitgesproken overeenkomst worden deze varianten allemaal "Engels" genoemd en enkele van deze zijn varianten van de "new Englishes".

---

[112]van Els, 2000, p. 63
[113]Grimes, B. 1996
[114]Graddol 1999, p. 66

Beide varianten, zowel de "native" als de "new" Englishes spelen ook met betrekking tot de situatie in Europa als EFL-land een rol, waarbij de situatie heel anders is dan in de ESL-landen. Contact met moedertaalsprekers is er in vergelijking nauwelijks of moedertaalsprekers moeten er nog ontstaan. Aan de andere kant is er tot nu toe nauwelijks zoiets als een "new English" in Europa te constateren. Maar er zijn wel voortekenen voor deze ontwikkelingen. Er werd bijvoorbeeld onderzoek gedaan naar het gebruik van "nieuwe" Engelse woorden met name in Oost-Duitsland[115]. Daaruit bleek dat naar aanleiding van vooral interferentiefenomenen op de Duitse woordenschat een eigen ontwikkeling plaatsvindt. De zogenoemde "Amerikanismen" zijn lexicale invloeden op de Duitse spreek- en schrijftaal, die over het algemeen een positieve associatie aantonen[116]. Aan de ene kant worden de geïncorporeerde woorden aan de fonologie en morfologie aangepast, maar er zijn ook nieuw ontstane woorden op te sporen, waar dus de semantiek werd aangepast, zoals het Duitse woord voor een mobiele telefoon "Handy"[117]. Hetzelfde geldt voor de Duitse woorden "Disko-Power" (gezelligheidskracht van een Discotheek), "Partnerlook" (gelijk uitziende kleding dragen) en de recentere woorden "mobbing" (Eng.: bullying), "Beamer" (Eng.: video projector), en het "Public Viewing" (openbaar bekijken van WK-voetbalwedstrijden op grote schermen). Vaker nog wordt de semantiek van een bestaand Engels woord uitgebreid, zoals in het geval van de woorden "Sweatshirt" (eigenlijk een soort sporttrui, maar betekent in het Duits haast alle vormen van een algemene, niet al te formele trui met een lange arm). Een ander voorbeeld is "Jeans", wat ook vaak algemeen voor een niet-formele broek wordt gebruikt. Op grond daarvan moet wel het creëren van normen door de EFL-landen en ESL-landen worden geconstateerd.

Het Engels ontdoet zich van de controle van de moedertaalsprekers. De nieuwe Engelse talen ontwikkelen zich zonder de invloed van het Britse Engels, en het L2-Engels zal zich eveneens met minder invloed van de moedertaalsprekers ontwikkelen. De internationale taal Engels zal een van de nieuwe Engelse talen

---

[115]Fink, H. / Fijas, L. / Schons, D.. "Anglizismen in der Sprache der neuen Bundesländer". Freiberger Beiträge zum Einfluß der angloamerikanischen Sprache und Kultur auf Europa 4, P.Lang:Frankfurt a. M., 1997

[116]ebd., p. 10

[117]De oorsprong is het "Handie-Talkie", een mobilofoon uit WO II van Motorola.

kunnen worden en is dus niet meer de taal van de Engelsen of Amerikanen alleen. Het wordt de taal van de internationale gemeenschap.

5.4. DIGLOSSIE IN EUROPA

Alle genoemde factoren kunnen in NFL-landen tot een zekere diglossie leiden. In multilaterale internationale verbanden wordt het Engels gebruikt en is het spreken van de moedertaal slechts een uitzondering. Binationaal wordt de ene of de andere taal (soms ook daar Engels) gebruikt en nationaal blijft de moedertaal in de meeste gevallen de voorkeur hebben.
Er zou een vorm van diglossie in de landen kunnen ontstaan, die niet met typen van high and low variëteit maar met elkaar gelijkgestelde variëteiten functioneert, omdat de nationale talen een sterke bescherming genieten en voor alle domeinen open blijven staan.[118] De vormen van diglossie en de mogelijke Europese variant daarvan wordt in hoofdstuk 4.3 beschreven.

5.5. ENGELS IN EEN NIET-ENGELSSTALIGE MAATSCHAPPIJ – DE MEDIA

De invloed van de media is voor het taalcontact en de attitudes tegenover de talen van groot belang. Naast kranten, radio, film en computermedia (Internet, WWW) is de televisie een van de belangrijkste verspreidingsmedia van de Engelse taal. Daarbij moet erop worden gelet dat de bijna totale nasynchronisatie van alle films, die in Duitsland worden uitgezonden, voor het Duitstalige gebied een bijzondere bijdrage aan de vermindering van de invloed levert. Dit is waarschijnlijk een belangrijk verschil met de situatie in de kleinere landen of taalgemeenschappen van Europa[119]. In de loop van de tijd zijn in Europa meerdere televisieprogramma's

[118]Fishman, J.A.: "Bilingualism with and without Diglossia." *In:* The journal of social issues 23, 1967

[119]Uit onderzoek over thuistalen van leerlingen in Maastricht bleek dat 42,5% van de onderzoekspopulatie behoefte aan lessen Engels op school heeft. Maar liefst 43% wil graag Spaans, 35% Italiaans op school leren. Deze cijfers gelden voor die talen die de informanten niet op school leren. In het geval van het Engels is dit maar 3% van de onderzoeksgroep.

ontstaan die als programmataal het Engels gebruiken[120] en sommige die een multilinguaal programma uitzenden[121]. Ik wil graag twee van deze programma's als voorbeeld geven en hiermee laten zien, hoe met de taalsituatie binnen het Europese programmalandschap om wordt gegaan en welke betekenis de reacties daarop op de taalkeuze van deze instellingen hebben.

Zoals eerder gezegd is de invloed van de media op de talen nog maar nauwelijks onderzocht. Maar er zijn wel voorbeelden van twee mediale instellingen, die op hun manier laten zien hoe met talen wordt omgegaan. De eerste is de Engelstalige tv-zender MTV (**M**usik **T**ele**v**ision) en de tweede de juist niet-Engelstalige tv-zender ARTE. Met de ene wordt getracht een bepaalde inhoud ongeacht de verschillende talen en culturen van de recipiënten over te dragen. Met de andere wordt getracht een bepaald communicatiesysteem, een multiculturele presentatie toe te passen.

5.5.1. MTV

In het begin was de idee achter de opzet van de zender MTV, een wereldjeugdcultuur te bevorderen en te creëren waar deze volgens de zender nog niet bestond. Blijkbaar als vanzelfsprekend ging men ervan uit dat deze missie van wereldwijd belang het best door een wereldwijd verspreide taal, het Engels dus, kon worden uitgedragen. Daarom werden alle uitzendingen alleen in het Engels geproduceerd. Maar al snel bleek dat de bereikbaarheid van de doelgroep en de mogelijkheid de jeugd inderdaad aan te kunnen spreken niet alleen een technische vraag is, maar ook een vraag van de daarvoor gebruikte taal. Inmiddels – 10 jaar later – bestaat MTV uit vele verschillende lokale onderdelen zoals "MTV Europe" met onder andere een Nederlandstalig programma of "MTV Asia" met onder andere een Indonesisch programma in het Bahasa en een Chinees programma in het Mandarijn.

David Flack, de "creative director" van "MTV Asia", noemt daar twee redenen voor. Aan de ene kant wilden de mensen volgens hem in hun eigen taal worden aangesproken, wanneer het gewoon niet nodig is om het niet te doen. De toeschouwers in Italië bijvoorbeeld vonden het onnodig dat een Italiaan Engels

---

D.w.z dat de behoefte aan meer Engels niet groter is dan aan andere talen. (Bron: Extra, G/Kloprogge, J.: 2001).

[120]Lingua Franca-zenders: MTV, Euronews, CNN Worldwide, Discovery Channel, National Geographic TV, NBC Super Channel, etc.

[121]Meertalen-zenders: ARTE, Eurosport, MTV, etc.

tegen hen praatte en de toeschouwers in Engeland konden de Engelssprekende Italiaan maar moeilijk verstaan. Er was dus eigenlijk niemand mee geholpen en het Engelstalige programma bleef irrelevant voor de niet-Engelstalige toeschouwers. Toen heeft het bestuur van MTV besloten om het programma ook in de Europese talen uit te zenden. Dit gebeurde daarna ook voor steeds meer andere landen en regio´s.
Het bleek dat als het om het serieuze begrijpen van boodschappen gaat, de mensen in hun eigen taal willen worden aangesproken. Dat gaat zelfs zo ver dat in het Chinese programma van "MTV Asia" uitgezonden, succesvolle videoclips simultaan worden vertaald of in het Mandarijn worden ondertiteld. De mensen willen, ook als zij deel uit willen maken van een wereldgemeenschap, individueel aangesproken blijven worden. Aan deze behoefte wordt blijkbaar voldaan door het gebruiken van plaatselijke talen als een teken van individualiteit en het behouden van identiteit binnen een enorm grote groep.
Er is nog steeds de idee van het creëren van een wereldjeugdcultuur, maar wel een die in een groot aantal talen wordt uitgedragen. Het concept blijft bestaan, maar het daarvoor gebruikte middel werd "babylonischer" omdat dat het beste lijkt te functioneren.
De houdingen ten opzichte van het Engels zijn niet per se negatief en het blijft een vorm van moderniteit en bereikbaarheid symboliseren. Volgens Flack is het zelfs interessant zich in het Engels uit te drukken (om contact met de actualiteit te symboliseren), terwijl het ontvangen van inhoudelijke informatie blijkbaar in de moedertaal moet gebeuren.

5.5.2. ARTE

Wat de zender ARTE betreft was men al vanaf het begin niet van plan om het programma in slechts één taal uit te zenden. Maar men heeft wel andere ervaringen met het uitzenden in verschillende talen opgedaan. Het bleek bijvoorbeeld dat bepaalde dingen in het Duits niet konden of mochten, terwijl er in het Frans en voor het Franse publiek geen enkel probleem bestond. De zender ARTE is een samenwerkingsverband van Duitse en Franse zenders. Er worden uitzendingen geproduceerd die zowel voor het Duitse en Franse publiek van belang zijn alsook onderwerpen bevatten die van algemeen cultureel belang zijn. ARTE is vooral in Frankrijk, Duitsland en Zwitserland te ontvangen. Het wordt als een voortbrengsel gezien van de behoefte aan een cultureel televisieprogramma en de idee van televisie zonder grenzen. In de huidige vorm bestaat ARTE sinds 1992.

Volgens Hahn (1997) bestaat voor ARTE een taalculturele opdracht in het kader van het "Ethos der massenmedialen Interkulturalität"[122]. De zender volgt daarmee strategieën, die zo dicht mogelijk bij de cultuurpolitieke realiteit van Europa moeten komen. Om die redenen werd toen een meertalenprogramma ontwikkeld dat het zonder een lingua franca doet. Het schema van het programma noemt Hahn "Separate und parallele Multilingualität" en "amalgamierte Multilingualität". Met het eerste begrip wordt een verdeling van het gebruik van de verschillende talen bedoeld, waarbij eigenlijk alleen een vertaling van de inhoudelijke boodschap van de uitgezonden onderwerpen plaatsvindt. De taalrethorische opbouw en de taalpresentatie is afhankelijk van de opmaak die door de verschillende taalredacties wordt gemaakt. Er vindt een vertaling van een inhoud plaats waardoor de mogelijkheid van verschillende manieren van uitdrukking blijft bestaan. Het is op die manier mogelijk om het programma aan te passen aan het in taalcultureel opzicht verschillend publiek en de onderwerpen aan de doelgroep aan te passen. Omdat de

> "verbalsprachliche Betextung in den einzelnen Sendesprachversionen jeweils unterschiedliche Informationen transportieren muss, um ein fernsehjounalistisches Thema jeweils angemessen aufbereiten zu können"[123]

bleek dit een succesvol middel te zijn om dergelijke zelfstandige „Sendesprachversionen“ aan te passen. Dit gaat weliswaar ten koste van persoonlijke presentaties door presentatoren, maar toch worden op die manier de vaak onbevredigende vertalingen vermeden die op eentaligheid zijn gebaseerd. Daartoe behoren de verschillende vormen van „onscreen“-versies, zoals voice-overs, ondertitels, tolken en een multilinguale presentatie.

Het tweede begrip is de "amalgamierte Multilingualität“. Hahn omschrijft daarmee een gemengdtalige vorm van presentatie, waarvoor geen vertalingen meer worden gemaakt, omdat beide talen naast elkaar komen te staan. In dit geval wordt wel van

[122]Hahn 1997, p. 117
[123]Hahn 1997, p. 123

de meertaligheid van de toeschouwers uitgegaan. Daartoe behoren sommige presentaties of groepsgesprekken zoals discussieprogramma's, maar ook tekstuele presentaties voor programmatitels en programmanamen. Ook de eentalige variant van niet-vertaalde citaten binnen een uitzending of aankondiging houdt hiermee verband.

Bij alle multilinguale presentaties speelt de mediale uitzendtechniek een grote rol. Tegenover het wereldcultuurprogramma van MTV staat bij ARTE in principe de idee van een wereldmediasysteem. Dat wil zeggen dat met een grensoverschrijdende omroep de mogelijkheid zou kunnen worden geschapen om over alle taalgrenzen heen één boodschap op één moment uit te kunnen zenden en daarbij alle talen te dienen. Een nieuwbouw van de toren van Babel zou op basis daarvan een visionaire en metaforische mogelijkheid kunnen zijn. Hahn spreekt in verband daarmee van twee paradigma´s die invloed op de "eurojournalistiek" hebben, ten eerste een Babylonisch en ten tweede een pentecostalisch paradigma,. Met het pentecostalische paradigma wordt de poging bedoeld een nieuw "Pinksterwonder" mogelijk te maken, waardoor het taalcontact de pluralistische vorm behoudt en het uitgesprokene toch door iedereen wordt begrepen. Er zal een taalesthetiek moeten worden ontworpen die een virtuele lingua franca in de vorm van een door de techniek niet meer zichtbare meertaligheid schept. Daarbij wordt op intertalige normen gelet, waarmee een "universeller semantischer Einklang" wordt bepaald[124]. Het behouden van de domeinen voor de talen door een zelfstandig uitwerken van de presentatie oftewel gelijkheid van code-switching zal een dehiërarchisering van de diglossiesituatie tot stand brengen of bevestigen. Dit lijkt inderdaad een opdracht van „bijbelse omvang". Misschien begon ARTE om die redenen de laatste tijd ook met kleine programmaplekjes met het Engels als presentatietaal, ook al is men van mening dat

> "jede Privilegisierung einer natürlichen Sprache als europäische Lingua Franca und ihre Flankierung als massenmediale Sendesprache als Glottozentrismus wirkt."[125]

De politieke belemmeringen voor de acceptatie van een natuurlijke taal als lingua franca zijn nogal groot[126]. De Swaan schrijft:

---

[124]Hahn 1997, p 176 ff.
[125]Hahn 1997, p.134

> „Apparently, so far it has turned out to be easier for the EU to settle upon an common medium for monetary exchange than on one for verbal exchange.“[127]

Toch heeft ook de zender ARTE zich aan de reële situatie aangepast en is men van plan om ten minste jeugdprogramma's gedeeltelijk in de Engelse taal uit te zenden. In elk geval ziet men daarin een mogelijkheid om niet vertaalde programma's internationaal te kunnen presenteren.
Een andere stelling heeft in dit verband een passieve of asymmetrische meertaligheid als doel. Het meertalenprogramma zou niet alleen maar voor de producenten maar ook voor de toeschouwers meertalig blijven. Daarbij werd er automatisch van uitgegaan dat de mogelijke toeschouwers twee vreemde talen zouden kunnen begrijpen. De technische problemen van een tv-programma worden op die manier tot taalleerproblemen van het mogelijke publiek.

De ervaringen van beide zenders laten zien dat een twee- of meertalenprogramma de Europese situatie het dichst benaderd. Het verlangen naar een "Europhonie in drei Sprachen"[128] wordt impliciet met de taalpolitiek van de televisieprogramma's doorgezet. Het Engels wordt als verbindingstaal tussen de verschillende nationale talen gebruikt, welke op hun beurt weer de formuleringsbasis voor alle domeinen uitmaken. Het Engels vervult in deze zin voldoende de criteria die aan een supracent rale taal worden gesteld, zoals door de Swaan werd beschreven.

5.6. CONCLUSIE

Ook als er soms aan wordt gedacht, de als dilemmatisch beschouwde Europese taalsituatie op te lossen door de keuze van een tegenwoordig niet-gesproken Europese taal als het Latijn of het Esperanto als een lingua franca - deze zullen niet snel daarvoor in aanmerking komen. De eenwording in neutraliteit is altijd een deel van het Europese idealisme geweest, maar het zal waarschijnlijk niet lukken voor

---

[126]Hahn 1997, de Swaan 1993/1998/1999, van Els 2000

[127]De Swaan 1998, p. 5

[128]Weinrich, U.: "Mit den Nachbarn in ihrer Sprache reden. Die europäische Wortkultur lebt von ihrer Vielfalt." Frankfurter Allgemeine Zeitung, Beilage, Seite 1, 7.November 1987

een taal te kiezen die nauwelijks door iemand wordt gesproken. Verder is de neutrale status van het Engels vergevorderd en zal het deze rol nog sterker kunnen innemen. Het vaak genoemde voorbeeld van het Hebreeuws als geslaagde herleving van een taal kan volgens mij in Europa niet worden bereikt, omdat de doelgerichtheid van de Europese bevolkingsgroepen te verscheiden is. Hetzelfde geldt voor de cultuurgeschiedenis van de landen die slechts ten dele met de Latijnse taal te maken hebben gehad. Misschien zou zelfs de universaliteit van het Esperanto in twijfel kunnen worden getrokken omdat ook die taal haar (kunstmatige) oorsprong in de Germaanse en Latijns-Romaanse taalfamilie heeft. De gedachte van een hegemoniaal onbelaste, internationale taal is krachtiger dan de taal zelf, die nog minder hybride is dan het hedendaagse Engels met alle variëteiten daarvan.
Het gegeven dat het Engels steeds met de verdenking van hegemoniale tendensen verbonden is – een verdenking die al door velen werd tegengesproken[129]- , maakt het voor de Europeanen moeilijk op politiek niveau voor deze taal te kunnen kiezen.

[129]Uiteraard lijken de Engelsen daarvan geen voordeel te hebben, omdat zij in mindere mate multilinguale competentie aan kunnen tonen. Dat zou eerder een nadeel kunnen zijn, vooral als multilingualiteit een Europees cultuurproces wordt (zie verder van Els, p. 69).

6. ONDERZOEKSMETHODE EN -VERLOOP

6.1. ONDERZOEKSOPZET - METHODE

6.1.1. VRAAGSTELLING EN DOEL VAN HET ONDERZOEK

Deze scriptie is op een attitudeonderzoek gebaseerd, dat met behulp van een enquête door mij werd uitgevoerd. De vragen werden gesteld aan 58 leerlingen van een middelbare school in de leeftijd van 15 tot 17 jaar. De plaats van het onderzoek was het Gutenberg-Gymnasium te Bergheim in het westen van Duitsland.
Dit onderzoek staat in een reeks van attitudeonderzoeken die onder meer ook voor het Duits-Nederlandse grensgebied ter hoogte van Nijmegen en Venlo werden uitgevoerd en waarbij vooral de verhouding tussen dialect en standaardtaal werd onderzocht[130]. Het bijzondere aspect van de houdingen ten opzichte van het Engels zoals beschreven in dit werkstuk werd in dit soort onderzoek nog niet belicht. Er wordt rekening gehouden met het feit dat de rol van het Engels in het sociaal-culturele leven van de mensen in Europa buiten Engeland steeds belangrijker wordt[131].

Het gaat in dit onderzoek zowel om afhankelijke als om onafhankelijke variabelen . Tot de eerste groep variabelen behoren zowel factoren alsook domeinen. Gesteld wordt dat vragen volgens de volgende factoren kunnen worden ingedeeld: het metalinguïstische oordeel, culturele overwegingen en inschattingen van de toekomstige situatie. Verder zijn de volgende domeinen onderzocht: het taalgebruik op school, thuis, met vrienden oftewel in de vrije tijd en het beroepsleven. De onafhankelijke factoren zijn ervaring, afkomst, geslacht, woonplaats, leeftijd en taalkennis.

Daarnaast heb ik bij de antwoorden de volgende aannamen toegepast:

1. Voor alle informanten blijft de moedertaal het referentiële uitgangspunt van alle taalsituaties.

---

[130]Münsterman et al.
[131]Swaan, A. de: The European language constellation

2. De informanten produceren liever Engelstalige boodschappen dan dat ze deze ontvangen / recipiëren.
3. In België en Nederland is de houding ten opzichte van het Engels wezenlijk positiever dan in Duitsland (kon niet worden onderzocht).
4. De houdingen tegenover het Engels zijn over het algemeen positief. In vergelijking met het dialect en de standaardtaal zijn de uitslagen minder positief.
5. Verwacht wordt dat het Engels wezenlijke invloed op alle domeinen uitoefent
6. Er wordt een sterkere positie van de moedertaal gewenst.

De uitslagen ten opzichte van deze aannamen worden in het hoofdstuk 7.3 nader beschreven.
Het onderzoek werd met behulp van een vragenlijst uitgevoerd, die aan de eisen van een Likertschaal moest voldoen. Dat betekent dat "elk afzonderlijk item ongeveer hetzelfde onderscheid tussen de informanten laat zien als de gehele schaal"[132].Er zijn vier essentiële meetmethoden die vaker werden gebruikt om attitudes te meten: het Likerttype (1932), de Thurstone-methode (1928), de Guttmanschaal (1944) en de semantieke differentiële procedure van Osgood (Osgood et al. 1957)[133]. Verder wordt er nog veel met de zogenoemde matched-guise techniek en met "domein-questionnaires" gewerkt[134].
Het onderzoek bestond uit twee elementen: de taalattitudeschaal van het Likert-type en een reeks vragen, waarbij de informanten een duidelijk verschil tussen de taalniveaus moesten maken. Het zijn allemaal gesloten vragen van een vragenlijst voor een kwantitatief onderzoek. Er werd niet naar een eigen geformuleerd oordeel gevraagd, maar wel naar het kiezen van een gegeven aantal antwoorden.
De attitudeschaal bestond uit 33 vragen, waarbij de informanten op een vijfpuntenschaal moesten aangeven in hoeverre zij het eens zijn met een voorgelegde bewering. De vragen zijn allemaal als stellingen geformuleerd, waarop vijf mogelijke antwoordcategorieën worden gegeven, die allemaal variëren tussen volle instemming en geen instemming.

---

[132]Hout, R.van: 1989, p.128
[133]Bailey, K. D.: 1987
[134]Hout, R. van: 1989

6.1.2. DE SELECTIE VAN DE VRAGEN

Het eerste gedeelte[135] bestaat uit vragen over de persoon. Naar aanleiding van deze antwoorden kunnen groepen met elkaar worden vergeleken. Dit houdt vragen naar geslacht en leeftijd maar ook naar ervaring en persoonlijke achtergronden in. Er worden verschillende antwoordcategorieën aangeboden.

Bij het tweede gedeelte, dat bestaat uit 11 vragen, bestaat de mogelijkheid aan de hand van verschillende situaties voor een taal te kiezen, die voor deze situaties wordt gebruikt. Gevraagd wordt naar het gebruik van de talen door de leerlingen en de inschatting van hoe belangrijk de talen zijn.

Het derde deel bestaat uit 11 domeinvragen. Hier wordt naar de samenhang gevraagd die bestaat tussen de antwoorden en de ervaringen en wensen van de leerlingen. Dat betekent dat ook het taaldomeingebruik als antwoord moest worden gegeven.

In het vierde deel staan vragen over wensen en ervaringen. Het verschil met de andere delen ligt in de formulering van de vragen. Hier wordt naar de taalniveaus gevraagd. Er bestaan per vraag dus drie antwoordmogelijkheden. Deze vragen zijn bedoeld om de uitslagen van de andere vragen met een andere visie te kunnen vergelijken. Het zijn een soort proefvragen. Deze vragen hebben zowel de verwachtingen als het gedrag ten opzichte van de niveaus als onderwerp.

Voor het samenstellen van de vragen voor deze enquête heb ik enkele groepen vragen bedacht, die samen een factor uitmaken. Er zijn acht groepen vragen die afzonderlijk kunnen worden samengesteld. Sommige vragen zouden wel in meerdere groepen terecht kunnen komen omdat het antwoord daarop een verklaring voor meerdere factoren kan geven.
De eerste groep vragen vraagt naar het metalinguïstisch oordeel van de informanten. De groep bevat de vragen iii6, iii1, iv4, iv5.
Groep twee bevat de vragen waarbij het over de ervaring, kennis en informatie gaat. Deze groep bestaat uit de vragen iii8, i3, i4, i5, i6, iii2.

---

[135]De complete vragenlijst en de Nederlandse vertaling zijn in de Appendix weergegeven

Groep drie bestaat uit vragen over de culturele kant van taalkeuze. Deze vragen zijn gericht op het aanwezig zijn van de taalniveaus in de media, bij de medemensen en de politiek. Dit zijn de vragen iii7, ii9, ii10, iii3, ii3, ii4, iii10.
Groep vier houdt vragen naar toekomstoverwegingen van de informanten in. Het betreft de vragen ii5, ii6, ii8, ii7, ii11, ii1, ii2, iv1, iv2, iv3, iv8, iv6. Er wordt gevraagd naar wensen en verwachtingen.
De vijfde groep vragen gaat over het domein school (vragen ii1, ii5, ii6, iii8, iii9, iv1, iv2), de zesde over het domein beroep (vragen ii2, ii7, ii8), de zevende over het domein ouders/thuissituatie (vragen iii8, iv11) en tenslotte de achtste over het domein vrije tijd (vragen iii4, iii5, iii8, iii10, iii11, iv9).

Alle genoemde groepen en indelingscriteria kunnen in een tabel als de volgende worden samengevat:

	domein school	domein beroep	domein ouders/thuissituatie	domein vrije tijd
metalinguïstisch oordeel				
ervaring, kennis en informatie				
culturele kant van taalkeuze				
toekomstoverwegingen				
onderwerp competentie - ervaring				
individuele eigenschappen versus omgevingsfactoren				
lezen - horen - schrijven				
inschatting van de situaties				
gedrag				
informatie - ervaring				
wil - wens - overtuiging				

De uitslagen worden in hoofdstuk 7.3 beschreven. Verder moet er nog op twee vragen worden gelet. Ten eerste is bij de verzamelde taaldata geen sprake van spontaniteit. De informanten hadden zoveel tijd voor het antwoorden ter beschikking als voor hen nodig was om alle vragen te beantwoorden. Zij moesten dus niet spontaan op de stellingen reageren. Het zou daardoor kunnen dat het antwoorden door factoren werden beïnvloed die sterk in verband staan met de situatie van het invullen van de enquête. Dat kan zowel de buurman in de klas zijn als het feit dat er een leraar aanwezig was. Het is daarom niet zeker dat met dezelfde groep en dezelfde vragen bij een andere gelegenheid dezelfde uitslagen zullen verschijnen. Het moeten hanteren van storende invloeden op het onderzoek blijft een probleem van het sociaal-wetenschappelijk onderzoek.

Ten tweede is dit ook een zogenaamd selfreport test. Dat betekent dat er data uit zijn voortgekomen die afhankelijk zijn van wat de informanten over zichzelf denken en hoe zij zichzelf inschatten. Dit is heel individueel en vaak afhankelijk van tijdelijke situaties. Het gaat bij het antwoorden dus niet om objectieve oordelen over de inschattingen en mogelijkheden van de informanten. Er bestaat altijd een verschil tussen dat wat mensen denken of voelen en de antwoorden die daarover in een "selfreport test" worden gegeven. Hoe algemener de vragen of het attitudeobject, hoe sterker de antwoorden afhangen van wat elk individu zich bij de vragen voorstelt.

6.1.3. DE SELECTIE VAN DE VARIABELEN

De basis van een attitudeonderzoek is het bepalen van de houdingen van iemand ten opzichte van iets. Daartoe worden vragen gesteld, hetzij naar iemands mening, hetzij naar zijn esthetisch oordeel of naar zijn verwachtingen en inschattingen ten opzichte van werkelijke en toekomstige situaties. Naar aanleiding van dergelijke vragen zou men kunnen vaststellen in hoeverre het onderwerp in kwestie deel van iemands interesse uitmaakt en in hoeverre dat zijn houding ten opzichte daarvan zal bepalen. Naar aanleiding hiervan werd voor domeinen gekozen die in het leven van de informanten een zeer belangrijke rol spelen. Voor de onafhankelijke factoren heb ik mij aan de keuzes gehouden die ook in andere onderzoeken werden gemaakt, zoals in het volgende hoofdstuk wordt beschreven.

6.3. ONDERZOEKSOPZET - DOELGROEP

Het onderwerp van dit hoofdstuk is de selectie van de informanten die voor dit onderzoek een enquête hebben ingevuld.

Het onderzoek werd uitgevoerd in samenwerking met 58 leerlingen van een middelbare school in Duitsland. Ze zijn allen tussen de 15 en 17 jaar oud. Er is gekozen voor een stratificatie naar de plaats van onderzoek. Verder werd er gevraagd naar verschillen in sekse en de opleidingsachtergrond, maar dat bleek voor dit onderzoek niet van groot belang te zijn en er wordt ook niet verder op ingegaan. Wel spelen verder nog drie afhankelijke variabelen een rol van betekenis:

afkomst, taalervaring en taalkennis. Ik wil nu deze doelgroep naar aanleiding van de gekozen afhankelijke variabelen karakteriseren.

6.3.1. PLAATS

Het oorspronkelijke idee achter dit onderzoek was, voor drie scholen te kiezen die in de regio van Belgisch-Limburg, Nederlands-Limburg en het westelijke "Rheinland" in Duitsland liggen. De reden daarvoor was dat het om een ideaal gebied gaat als men nationale verschillen erbij wil betrekken, omdat in deze regio met zijn vergelijkbare geschiedenis en culturele achtergrond de grenzen van drie landen liggen. Als men wil weten in hoeverre deze grenzen invloed op de houding ten opzichte van talen hebben gehad, lijkt mij dit gebied ideaal voor een vergelijkend onderzoek.
Ten tweede bestaan er grenslandonderzoeken met betrekking tot attitudes ten opzichte van dialecten voor de streken Nijmegen-Arnhem-Emmerich[136] en Venlo-Geldern-Kempen[137]. Een onderzoek in de door mij gekozen streek zou dit beeld hebben aangevuld. Om verschillende redenen was het niet mogelijk om mijn enquête in Nederland en in België uit te delen. Het was daarom niet mogelijk om als basis voor deze scriptie een vergelijkend onderzoek op te stellen. Ik zou mij echter goed kunnen voorstellen om met de door mij begonnen plannen op basis van mijn enquête nog een poging tot onderzoek te doen. Tenslotte kon ik alleen maar in Bergheim / Duitsland met succes doorgaan. Verder was er nog voor de steden Maastricht, Heerlen en Hasselt gekozen. Alle steden hebben enkele eigenschappen gemeen die voor dit onderzoek belangrijk zijn. Ten eerste zijn zij allemaal ongeveer even groot. Uit andere onderzoeken bleek dat er soms grote waarderingsverschillen tussen grote en kleinere steden zijn. Zo worden bijvoorbeeld de stedelijke dialecten van grote steden meestal lager gewaardeerd. Dit staat los van de gebruikswaarde van de dialecten. De verschillen tussen de stedelijke sociolecten spelen een veel belangrijkere rol. Ook bleek dat de attitudes ten opzichte van deze dialecten nauwelijks nog veranderen. De dialecten van kleinere steden hebben vaak meer prestige en zijn minder afhankelijk van het opleidingsniveau van de mensen. Stadsdialecten hebben in de ogen van de daar levende mensen veelal een negatieve

---

[136]Hout, R. van 1988
[137]Hout, R. van 1988

sociale connotatie. Bij een onderzoek over stadsdialecten moet dan ook voldoende aandacht aan sociale attitudes worden besteed.[138] Om die redenen werd de in het begin nog voor het onderzoek gekozen stad Keulen buiten beschouwing gelaten. Een ander punt is dat de dialecten in de voor dit onderzoek gekozen steden nog vrij levend zijn en door vele mensen begrepen en gesproken worden.

De stad Bergheim ligt in het westelijke "Rheinland". De bevolking bestaat uit ongeveer 55 000 mensen. Het daar gesproken dialect maakt deel uit van de "Rheinische" dialecten. Het is redelijk populair en wordt, wellicht als regiolect, vaak gesproken. Er bestond bij de informanten enige onzekerheid over de naam van het dialect. Tenslotte was men met elkaar eens dat het dialect "Kölsch" is genaamd. De vaak voorkomende term "Bergheimer Platt" werd niet geaccepteerd. Dit is de dialectnaam voor de in de stad Keulen gesproken variëteiten. De stad Keulen ligt ongeveer 30 kilometer ten het oosten van Bergheim.

Het onderwerp van het volgende deel is de selectie van de informanten. Ik heb gekozen voor een stratificatie naar de volgende variabelen: leeftijd, autochtonie, aantal informanten, het sociaal milieu en de ervaringsachtergrond.

6.3.2. LEEFTIJD

Omdat de oorspronkelijke gedachte was, een vergelijkend onderzoek te doen, was het belangrijk voor groepen te zorgen die zo veel mogelijk eigenschappen gemeenschappelijk hadden. Uiteindelijk komt men op die manier bij twee leeftijdsgroepen terecht. Dit zijn groepen van mensen onder de 20 en boven de 65 jaar. Deze groepen zijn vanuit de sociologische kant beschouwd niet zo sterk geïndividualiseerd dat er geen invloeden zijn die door allen worden gedeeld. Er zijn in principe drie groepen die op de volgende wijze kunnen worden ingedeeld:[139]

---

[138]Kuijper / Münsterman: *In:* Taalnorm en Taalattitude (1983)
[139]Hout, R. van: "De structuur van taalvariatie" 1989

- De jongeren (15 tot 18 jaar)

Deze leeftijdsgroep heeft het grootste deel van de taalverwerving al achter de rug. Mensen van deze groep zijn zich meestal bewust van de connotaties en normen rondom talen en taalgebruik. Hun zelfreflecterende mogelijkheden zijn voldoende ontwikkeld om te weten waar het bij attitudevragen over gaat.

- De volwassenen (35 tot 45 jaar)

Deze groep staat midden in de maatschappelijke loopbaan. Zij zijn moeilijk in vergelijkbare groepen terug te vinden en zijn dus aan vele verschillende invloeden onderhevig. Met andere woorden, bij de individuen uit deze groep is de individualisering het meest ontwikkeld, zodat zij maar moeilijk met elkaar te vergelijken zijn.

- De 60-plussers (60 tot 75 jaar)

Deze groep is meestal met pensioen gegaan en neemt niet meer volop deel aan de dagelijkse maatschappelijke productie. Het aantal contacten met andere mensen en de hoeveelheid aan bewegingen nemen meestal significant af. Hieruit volgt dat de groep mensen weer in een tamelijk overzichtelijke sociale omgeving terecht komt, waardoor een vergelijking met delen van deze omgevingen gemakkelijker wordt.

De vraagstelling voor het hier beschreven onderzoek is gekozen om iets over de toekomstverwachtingen van mensen te weten te komen. Er is dus voor de jongere groep gekozen. Ook was het gemakkelijker voor mij om de juiste vragen aan de betreffende situatie aan te passen omdat ik nog niet zo ver van deze leeftijdsgroep af sta en met hun gewoontes vertrouwder ben dan met die van de ouderen. Het zou wel interessant zijn om de twee groepen ter plaatse met elkaar te vergelijken voor wat betreft hun verwachtingspatronen voor de toekomst..

Een ander voordeel levert het feit op dat de 16-jarigen nog allemaal op school zitten en dus op een bepaalde tijd op een bepaalde plek, een schoolklas, zitten en dus eenvoudiger zijn te bereiken. Verder geven zij graag antwoorden op de onderzoeksvragen omdat bleek dat het ook een beetje afwisseling in het dagelijks onderwijs bracht.

6.3.3. SOCIAAL MILIEU

Een sociologisch indelingscriterium voor het doorvoeren van een stratificatie is de verbondenheid met een sociale klasse of een sociaal milieu. Om deze klassen vast te stellen worden vaak een beperkt aantal gegevens met elkaar vergeleken zoals het gezinsinkomen, het opleidingsniveau, het beroep of de woonomgeving. Vaak schieten deze indelingscriteria tekort. Een dergelijke indeling zal in dit onderzoek nauwelijks een rol gaan spelen. Toch heb ik voor klassen van een middelbare school gekozen en dus zeker een keuze voor een sociaal milieu gemaakt. Dat komt door de vooronderstelling dat scholieren van middelbare scholen een groter reflectievermogen zouden hebben en er niet veel uitlegwerk te verrichten valt. Mijn ervaringen daarmee waren heel positief. Een klas van een middelbare school leek mij een natuurlijke, gemengde groep jongeren te zijn met een veelvoud aan verschillende achtergronden.

6.3.4. AANTAL

Om meestal praktische redenen wordt in vele onderzoeken volstaan met een gering aantal informanten die naar aanleiding van nauwkeurige eisen worden uitgekozen. Er is dus niet echt sprake van een representatief aantal en een doorsnee van de taalbevolking. Toch wordt getracht om een zo representatief mogelijke onderzoeksgroep te selecteren. Over het aantal informanten zegt Roeland van Hout:

> "Het aantal informanten in sociolinguïstisch onderzoek naar stadsdialect schommelt tussen 40 en 120 personen."[140]

Een onderzoek met meer informanten is moeilijker door te voeren en er moeten zowel de persoonlijke alsook de financiële middelen beschikbaar voor zijn. Een zo

---

[140]Hout, R. van: "De structuur van taalvariatie", 1989, p. 19

groot mogelijke homogeniteit van de groep maakt het wel mogelijk om het aantal mensen ten aanzien van de onderzoeksvraag in omvang te beperken.
In het geval van dit onderzoek konden van de geplande 170 scholieren er maar 58 worden ondervraagd. Omdat ik bij het invullen van de enquête aanwezig was, zijn alle uitgedeelde vragenlijsten ook weer teruggekomen en werden naar mijn inschatting eerlijk en grondig ingevuld. Er kan natuurlijk geen sprake van een representatieve steekproef meer zijn. Daarom worden de uitslagen van dit onderzoek slechts als verklaring of voorbeeld voor de hier gepresenteerde theorievorming aangehaald.

De eigenschappen van de informanten van dit onderzoek zijn als volgt:

Aantal leerlingen	waarvan mannen	waarvan vrouwen	waarvan autochtoon	waarvan allochtoon
58	54 %	46 %	83 %	17 %

6.3.5. AUTOCHTONIECRITERIUM

De doelstelling was, de attitudes van mensen uit drie verschillende landen ook met betrekking tot hun dialectgebruik en ervaringsachtergronden te vergelijken. Daardoor ontstaan bepaalde eisen ten aanzien van de autochtonie van de informanten om de ondervraagde populatie te beperken. Als er een te groot aantal immigranten mee doet aan het onderzoek kunnen de uitslagen sterk worden vertekend. Dat heeft met twee dingen te maken. Ten eerste vertonen allochtone groepen vaak een divers taalgedrag dat het gevolg van aanpassing of van taalmenging kan zijn.
Ten tweede richt dit onderzoek zich op het niet-mobiele deel van de bevolking dat al lang op een plek woont of daar is opgegroeid en het dialect van de streek en de taal van het land op natuurlijke manier als moedertaal heeft geleerd. Een eigenschap van migratie is juist het mobiele karakter. Verder wordt daardoor een homogenisering bereikt die de keuze naar de leeftijdsgroep versterkt.
De eis aan de gekozen scholen was dus dat het aantal autochtone scholieren boven de 60 procent zou moeten liggen. Het autochtoniecriterium houdt in dat minstens 60 procent sinds de geboorte of ten minste tijdens het taalverwervingsproces in de stad

van onderzoek woonde. De onderzochte taalpatronen zouden zich daardoor scherper aftekenen.
Naar aanleiding van dit criterium kwamen de volgende scholen in aanmerking:

- Het Gutenberg-Gymnasium in Bergheim (Duitsland) waar het onderzoek werd uitgevoerd.
- Het Koninklijk Atheneum I van het Gemeenschapsonderwijs in Hasselt (België)

6.3.6. ERVARING/KENNIS

> "Ondanks de grote verscheidenheid van meningen en modellen lijkt de gedachte gemeenschappelijk dat attitudeverandering het gevolg is van de kennis m.b.t. het object in kwestie."[141]

De kennis vormt voor een groot deel de cognitieve kant van het attitudeconcept. In het "P.A.-onderzoek", beschreven door van Hout (1989)[142], dat in Nederland werd uitgevoerd, werd aangenomen dat hoe langer de leerlingen op school zitten hoe groter de ervaring met de problematiek is en hoe meer informatie zij daarover hebben. Naarmate de omvang van de ervaring steeg zou ook de houding ten opzichte van het attitudeobject veranderen.

In het "P.A.-onderzoek" werd duidelijk dat reeds het opdoen van ervaring de attitude verandert. Het bleek dat eerstejaarsstudenten een significant minder positieve houding vertoonden dan de tweede- en derdejaarsstudenten terwijl het verschil tussen de laatstgenoemde groepen niet opmerkelijk hoog was. De veranderingen van attitudes voltrekken zich tamelijk vroeg. Dat heeft waarschijnlijk met de in hoofdstuk 2 beschreven beschikbaarheid en het initialiseren van attitudes te maken. Deze factoren staan in nauw verband met het opdoen van ervaring. Voor alle informanten geldt dat

---

[141]Kuijper / Münsterman: 1983

[142]ebd.: Dit is een onderzoek dat werd uitgevoerd aan zeven Pedagogische Academies in Amsterdam, Rotterdam, Breda, Hengelo, Roermond, Middelburg en Doetinchem met in totaal 548 informanten. Onderwerp was de houding ten opzichte van dialecten in het onderwijs .

> "studenten die bezig zijn met de problematiek positiever denken over dialect en het gebruik daarvan op school dan de studenten die (nog) geen kennis hebben genomen van de problematiek."[143]

Het tweede aspect van de ervaring is de kwaliteit daarvan.

Het was te vermoeden dat de houdingen ten opzichte van het Engels ook afhankelijk zouden zijn van de plaats en de kwaliteit van de opgedane ervaring met het spreken en horen van die taal.

Uit van tevoren door mij gemaakte proefinterviews bleek ook dat de opgedane ervaring invloed zou hebben op de attitudes ten opzichte van de overeenstemmende taal. Er zijn voorbeelden dat mensen die vanuit het West-Duitse dialectgebied naar Nederland zijn gekomen, veel moeite hebben om een positieve houding ten opzichte van het Nederlands te ontwikkelen, omdat deze dialecten veel sterker op het Standaardnederlands lijken dan het Standaardduits en veel mensen nog met de mening zijn opgegroeid dat hun dialect niet als volwaardige taal geaccepteerd is en het kunnen spreken daarvan geen positieve waarde uitmaakt. Deze houding wordt op het Nederlands overgedragen. Begin 2000 was in het Leids natuurkundig museum een tentoonstelling over het menselijk lichaam te zien. Deze werd betiteld met "Alles naakt". Deze formulering met de lange "a" in het woord "naakt" herinnert aan een gebruikstalige uitdrukking in een dialect. Iemand met een West-Duitse dialectale achtergrond heeft deze tentoonstelling niet bezocht omdat er voor hem niets serieus te verwachten viel.

Iemand wiens ervaringen positief zijn geweest zou minder moeite met het attitudeobject hebben en over het algemeen een positievere houding laten zien. Vooral het eerste contact zou een groot deel van de daaruit volgende attitudes bepalen.

6.3.7. SEKSE

Het onderscheid naar het geslacht van de informanten werd bij het sociaallinguïstisch onderzoek betrokken, toen bleek dat vrouwen over het algemeen

[143]Kuijper / Münsterman: 1983, p.133

vaak een ander taalgedrag en andere reacties vertonen dan mannen.[144] Zoals boven te zien is, is van de informanten in dit onderzoek 54% procent man en 46% procent vrouw. Verder viel er geen opmerkelijk verschil in de uitslagen te meten, zodat de onderscheiding naar sekse verder buiten beschouwing wordt gelaten.

[144]Hout, R.W.N.M. van: "De structuur van taalvariatie", 1989, p. 19

7. UITSLAGEN

In dit hoofdstuk zal ik de uitslagen laten zien die uit het onderzoek bleken, dat in Bergheim bij twee klassen van het tiende schooljaar werd uitgevoerd. Ten eerste zal ik de samenstelling van de informantengroep laten zien. De indelingen vonden plaats naar geslacht, leeftijd, ervaring, competentie en geboorteplaats.
Daarna zullen de uitslagen van de van tevoren vastgestelde factoren worden weergegeven. Deze betreffen de oordelen en inschattingen van de talen door de scholieren.
Tenslotte ga ik in op de uitslagen met betrekking tot de 4 aannamen uit hoofdstuk 6.1.1.
De vragen zijn genummerd in overeenstemming met de indeling van de vragenlijst. Vraag "iii10" is bijvoorbeeld de vraag met de nummer 10 van het derde deel, de vraag i5 is de vijfde vraag van het eerste deel van de enquête, enz.

7.1. ONDERZOEKSGROEP

De samenstelling van de informantengroep is in de volgende tabellen afgebeeld:
De verdeling naar het geslacht in de twee klassen is tamelijk evenwichtig:

Tabel 1: Geslacht

		Frequency	Percent	Valid Percent
Valid				
mannelijk	499	**54,0**	54,0	54,0
vrouwelijk	425	**46,0**	46,0	100,0
Totaal	924	100,0	100,0	

De leeftijdsverhouding in de twee klassen is als volgt:

Tabel 2: Leeftijd

		Frequency	Percent	Valid Percent
Valid				
15 jaar	210	**22,7**	22,7	22,7
16 jaar	560	**60,6**	60,6	83,3
17 jaar	136	**14,7**	14,7	98,1
18 Jaar	18	**1,9**	1,9	100,0
Totaal	924	100,0	100,0	

De gemiddelde leeftijd is 15,96 jaar. Dat geeft de normale leeftijd van 16 jaar aan, die leerlingen in de 10^{e} klas van een Duitse school hebben.
Bij de volgende tabel werd onderscheid gemaakt naar de afkomst van de informanten. Degenen die hebben aangegeven binnen de eerste drie levensjaren naar Bergheim te zijn gekomen, worden als autochtoon beschouwd.

Tabel 3: Geboorteplaats

		Frequency	Percent	Valid Percent
Valid				
allochtoon	768	**16,9**	16,9	100,0
autochtoon	156	**83,1**	83,1	83,1
Totaal	924	100,0	100,0	

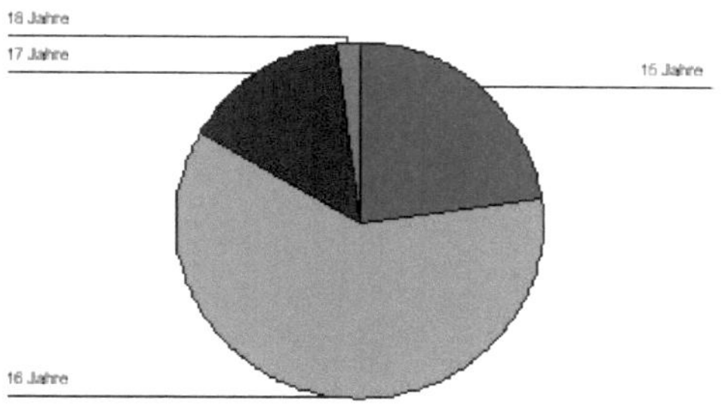

Op de vraag naar de eigen inschatting van het spreekvermogen van het dialect Kölsch antwoordden de informanten als volgt:

Tabel 4: Competentie

		Frequency	Percent	Valid Percent
Valid				
vloeiend	146	**15,8**	16,4	16,4
goed	285	**30,8**	32,0	48,3
slecht	207	**22,4**	23,2	71,5
niet	254	**27,5**	28,5	100,0
Totaal	892	**96,5**	100,0	
Missing				
Systeem	32	**3,5**		
Totaal				
	924	100,0		

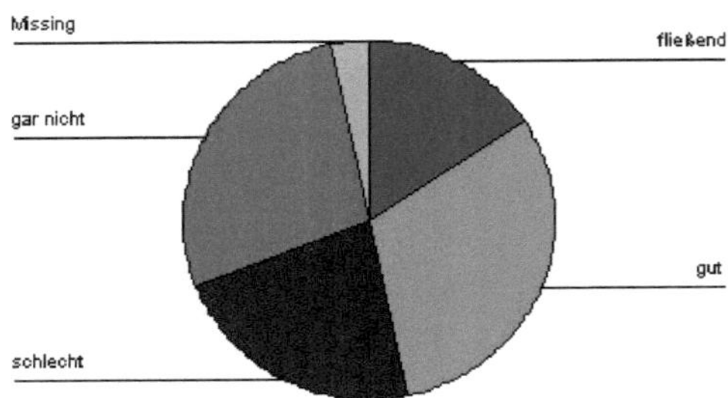

Zoals ook in de grafiek te zien is, is er een licht negatieve inschatting van het eigen taalvermogen meetbaar. Slechts 46,6% denkt het dialect goed of vloeiend te beheersen.

Op de vraag naar het regelmatig Engels spreken antwoordde slechts 6,9 procent met "Ja". In de tabel ziet dit als volgt uit. De cijfers staan voor de verschillende taalniveaus: 1 voor Engels, 2 voor Duits en 3 voor Kölsch.

Tabel 5: Regelmatig Spreken

		Frequency	Percent	Valid Percent
Valid				
1,67	4	6,9	**6,9**	6,9
2,00	45	77,6	**77,6**	84,5
2,33	3	5,2	**5,2**	89,7
2,67	1	1,7	**1,7**	91,4
3,00	5	8,6	**8,6**	100,0
Totaal	58	100,0	**100,0**	

Het bijbehorende diagram verduidelijkt deze uitslagen:

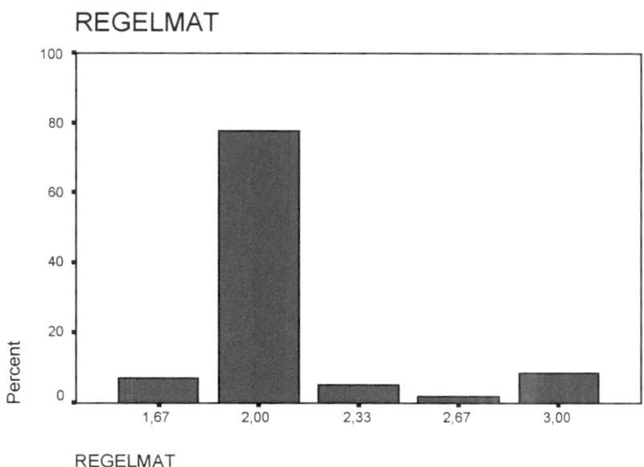

De gemiddelde waarde van alle niveaus bedraagt iets meer dan 2. Dat betekent dus, dat er eerder in het Kölsch wordt gepraat dan in het Engels. Maar in de meeste gevallen geven de informanten aan in het Duits te spreken.

Tabel 5a: Descriptive Statistics (regelmatig spreken)

	N	Minimum	Maximum	Mean	
REGELMAAT	924	1,67	3,00	2,0938	,3163

Er werd aangegeven werd dat het Engels op de volgende plaatsen voor het eerst werd geleerd. Hier is duidelijk te zien in welk verband er contact met het Engels ontstaat omdat grofweg alle informanten de taal op school hebben geleerd. De meesten hebben het ook voor het eerst op school gesproken zoals de volgende twee tabellen laten zien.

Tabel 6: Waar geleerd

	Frequency	Percent	Valid Percent	
Valid				
familie	16	1,7	1,7	1,7
school	876	94,8	94,8	96,5
vacantie	32	3,5	3,5	100,0
Totaal	924	100,0	100,0	

Aangegeven werd dat Engels op de volgende plaatsen voor het eerst werd gesproken.

Tabel 7: Waar voor het eerst gesproken

		Frequency	Percent	Valid Percent
Valid				
familie	77	8,3	8,3	8,3
vrije tijd	15	1,6	1,6	10,0
school	545	59,0	59,0	68,9
vakantie	287	31,1	31,1	100,0
Totaal	924	100,0	100,0	

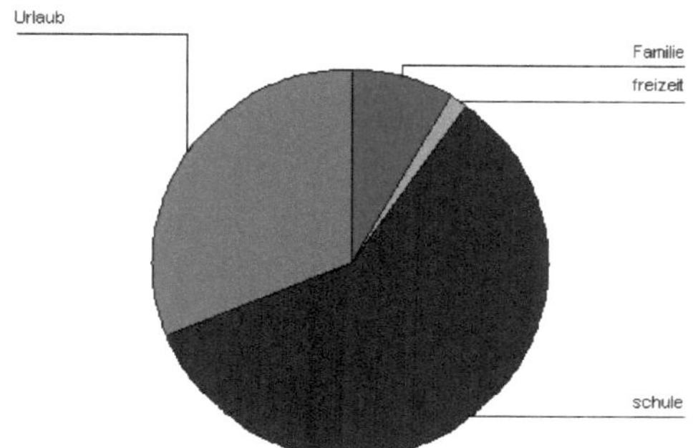

Met betrekking tot de vorige vraag geven de informanten aan de volgende ervaring te hebben:

Tabel 8: Ervaring

		Frequency	Percent	Valid Percent
Valid				
Positief	779	84,3	84,3	84,3
Negatief	145	15,7	15,7	100,0
Totaal	924	100,0	100,0	

De ervaring met het eerste contact is dus overwegend positief.

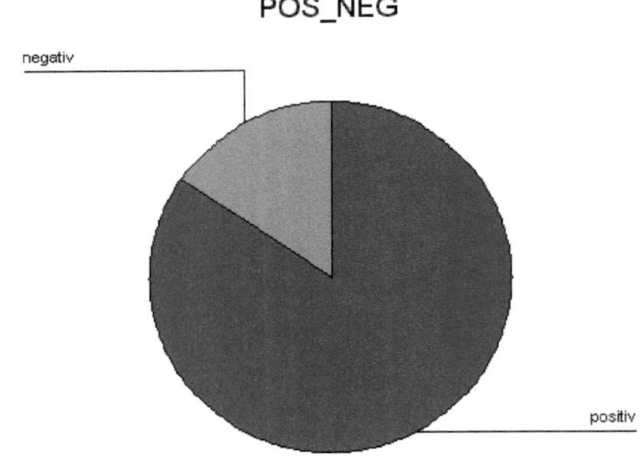

7.2. VARIABELEN EN FACTOREN

Voor de groep variabelen die samen voor de factor ervaring en contact staan (iii8) blijkt de volgende tabel:

Tabel 9: Descriptive Statistics (ervaring & contact)

	N	Minimum	Maximum	Mean	
ERVARING	924	1,00	5,00	2,8447	,9999
Valid N (listwise)	924				

Het blijkt dus dat de informanten in meerderheid minder ervaring vertonen. Het gemiddelde getal van 2,84 betekent een lichte neiging tot het antwoorden "geen ervaring" of "helemaal geen ervaring" (ja =5, nee=1).

Voor de groep variabelen die samen voor de factor Metalinguistïsch Oordeel staan blijkt de volgende tabel. De cijfers een tot vijf staan voor de keuze tussen Kölsch heel mooi vinden (5) en Engels heel mooi vinden (1):

Tabel 10: Descriptive Statistics (Metalinguistiek Oordeel)

	N	Minimum	Maximum	Mean	
MOOI	924	1,00	5,00	**3,3777**	,9796
Valid N (listwise)	924				

Engels wordt dus als iets mooier beschouwd dan het Kölsch! Voor de directe keuze tussen de taalniveaus en uitgaande van het Duits als gemiddelde waarde betekent dit dat de neiging bestaat liever Engels te horen en te spreken dan het dialect:

Tabel 11: Descriptive Statistics (Horen en Spreken)

	N	Minimum	Maximum	Mean	
MOOI2	924	1,00	3,00	1,8902	,5976
Valid N (listwise)	924				

Voor de groep variabelen die samen voor de factor Cultureel Oordeel staan blijkt de volgende tabel. De cijfers een tot vijf staan voor de keuze tussen Kölsch heel belangrijk vinden (1) en Engels heel belangrijk vinden (5):

pro Engels = 5, pro Kölsch= 1

Tabel 12: Descriptive Statistics (Cultureel Oordeel)

	N	Minimum	Maximum	Mean	
Engels	924	1,67	5,00	**2,9949**	,6786
Kölsch	924	2,00	4,33	**3,4206**	,4315
II4	924	1	5	2,08	1,17
Valid N (listwise)	924				

Het gemiddelde cijfer voor de culturele overweging betreffende de vraag hoe belangrijk het taalniveau is, komt voor het Engels met 2,99, dus vrij neutraal en voor het dialect met 3,4 licht negatief (!) uit. De uitslagen voor het dialect zijn bijzonder door de vraag gekleurd of het dialect zou moet verdwijnen. Op die vraag antwoordde 47 procent met “nee”. Dat geeft de uitslagen een positievere kleur. Vraag ii4 gaat over het volgen van televisieprogramma’s in het Kölsch. Daarop antwoordde 80,9 procent met “nee”. De leerlingen blijken dus meer in het behouden van het dialect geïnteresseerd te zijn dan in het daadwerkelijke gebruik daarvan.

Voor de groep variabelen die samen voor de factor <u>Perspectieven voor de Toekomst</u> staan blijkt de volgende tabel:

Tabel 13: Descriptive Statistics (Perspectieven voor de Toekomst)

	N	Minimum	Maximum	Mean	
Kölsch	924	1,00	4,00	**1,5747**	,6772
Engels	924	1,50	5,00	**4,4194**	,7149
Engels2	924	1,75	4,75	**3,6199**	,5823
Valid N (listwise)	924				

De perspectieven voor het Engels zijn bij de directe vergelijking met het dialect heel goed maar als er niet direct moet worden vergeleken zijn de scores wel lager. Aan te nemen is dat dan ook de vergelijking met de moedertaal Duits een rol gaat spelen. Voor de wensen voor de toekomst blijken echter de volgende cijfers. In dit geval bestond de keuze weer uit de drie taalniveaus. Ook hier staat 1 voor Engels, 2 voor Duits en 3 voor Kölsch:

Tabel 14 Descriptive Statistics (Toekomstverwachting)

	N	Minimum	Maximum	Mean	
ZUENG4	924	1,00	3,00	**1,9229**	,3585
Valid N (listwise)	924				

Het blijkt dat men in principe alle domeinen voor de standaardtaal wil behouden. Wel gaat het meer de Engelse dan de dialectkant uit. Maar de uitslagen voor elke vraag naast elkaar laten zien, dat dit komt door de keuze voor het Engels als de taal van de muziek. Dit buiten beschouwing gelaten moet men tot de conclusie komen, dat er in lichte mate een voorkeur voor het dialect bestaat.

Tabel 14a: Descriptive Statistics

	N	Minimum	Maximum	Mean	
IV1	924	1	3	**2,06**	,44
IV2	908	1	3	**2,17**	,54
IV3	908	1	3	**1,20**	,44
IV6	908	1	3	**2,02**	,55
IV8	924	1	3	**2,15**	,52
Valid N (listwise)	876				

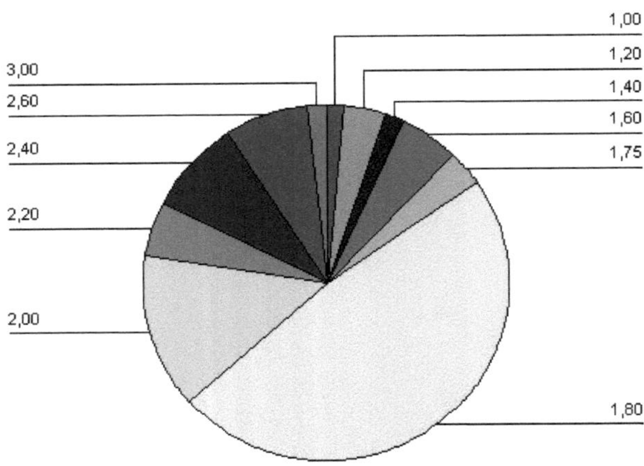

7.3. AANNAMEN

Met betrekking tot de aannamen in hoofdstuk 6.1.1. bleek het volgende uit de vragen die in de delen twee, drie en vier van de enquête werden gesteld:

Aanname 1 (Voor alle informanten blijft de moedertaal het referentiële uitgangspunt van alle taalsituaties.)

Bijzonder voor de vragen uit de groep IV is te zien dat in principe voor alle vragen de voorkeur aan de standaardtaal en moedertaal van de informanten wordt gegeven. De lichte neiging naar het Engels toe komt vooral door de wens om muziek in het Engels te willen horen. De gemiddelde waarde uit deze groep is 1.89, waarbij antwoordmogelijkheid 1 voor het Engels, antwoordmogelijkheid 2 voor het Duits en antwoordmogelijkheid 3 voor het dialect Kölsch staat.

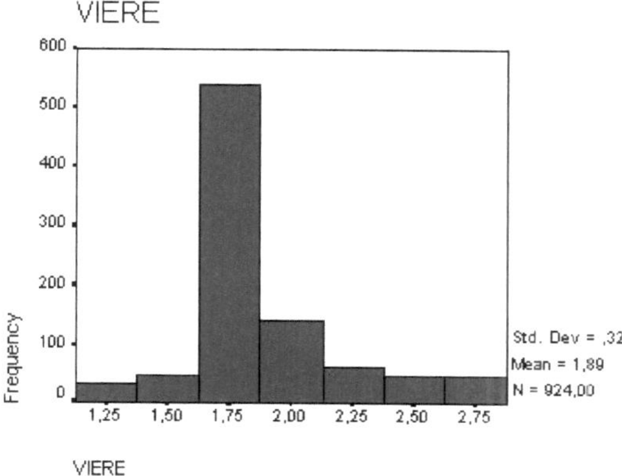

Van deze gemiddelde waarde wijken de antwoorden op de vraag naar de akoestische receptie af:

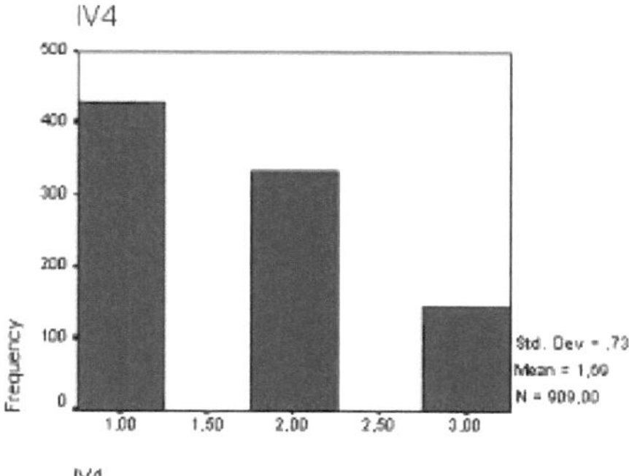

Het is interessant om te zien dat meer leerlingen zeggen liever Engels dan Duits of Kölsch te horen. Op de vraag naar de voorkeur voor een muziektaal is het antwoord duidelijk. Hier koos 80,8 procent van de informanten voor het Engels. Daarbij moet erop worden gelet dat vooral de moderne muziek een wezenlijke bijdrage aan het uitdragen van het Engels levert en dat ook Europese, niet-Engelse groepen hun liedteksten vaak in het Engels presenteren. Het is de taal van de rockmuziek. Maar toch geeft 94,6 procent van de informanten aan, de meeste muziek in het Engels te beluisteren. Maar er bestaat een lichte voorkeur voor de moedertaal, ook als men rekening houdt met de waardering van de taal van de muziek.

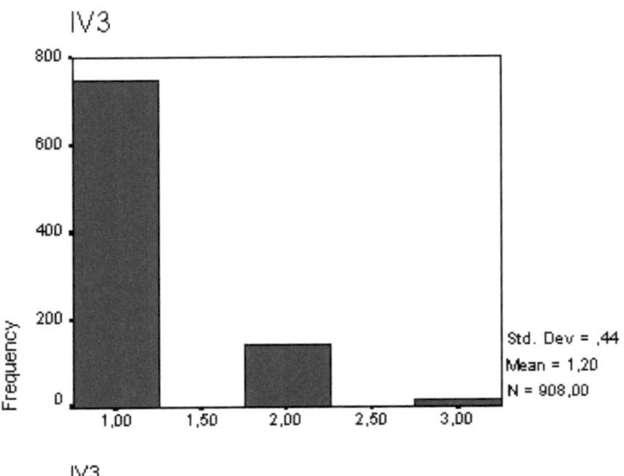

Het enige domein waarin het dialect relatief sterk wordt gerepresenteerd, is de vraag of de voorkeur voor een taal tijdens de pauze op school Engels, Duits of Kölsch is. Hier kiest in ieder geval 24 procent het dialect en 67 procent de standaardtaal "Hochdeutsch":

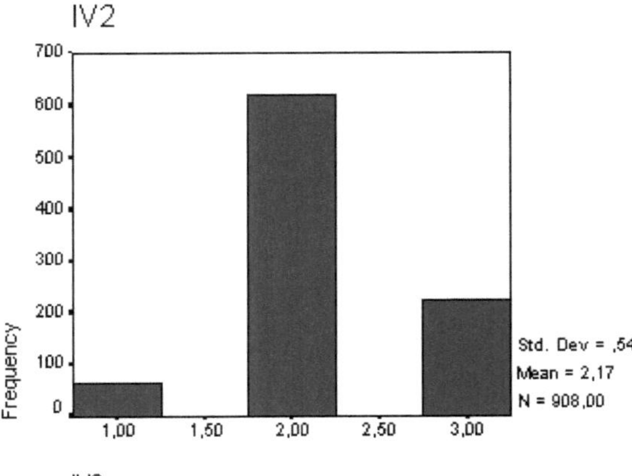

Aanname 2 (De informanten produceren liever Engelstalige boodschappen dan deze te ontvangen.)

Bij het horen of spreken van de verdeling van de taalniveaus is de volgende onderscheiding te zien:

Tabel 15: Horen IV4

		Frequency	Percent	Valid Percent
Valid				
Engels	429	46,4	47,2	47,2
Standaardtaal	335	36,3	36,9	84,0
Dialect	145	15,7	16,0	100,0
Totaal	909	98,4	100,0	
Missing				
System	15	1,6		
Totaal				
	924	100,0		

Tabel 16 Spreken IV6

		Frequency	Percent	Valid Percent
Valid				
Engels	129	14,0	14,2	14,2
Standaardtaal	633	68,5	69,7	83,9
Dialect	146	15,8	16,1	100,0
Totaal	908	98,3	100,0	

Missing			
	System	16	1,7
Totaal			
		924	100,0

Dit komt niet overeen met de waarnemingen van David Flack (1999), maar past wel in het model van de asymmetrische meertaligheid als model voor Europa. Hij heeft uit de programmaontwikkelingen van MTV geconcludeerd dat het jongere publiek zich liever Engels spreekt dan dat het zich moeite doet Engels te begrijpen. Uit tabel 14 en 15 blijkt echter het tegendeel. Dat stemt echter wel overeen met het feit dat er veel meer contact met het Engels ontstaat, waarbij de taal vaker moet worden begrepen dan gesproken. De ervaringen met het begrijpen van de taal zijn dus veel groter, de beschikbaarheid van de houdingen ten opzichte van het horen daarvan waarschijnlijk ook.[145]

Aanname 4 (De houdingen tegenover het Engels zijn over het algemeen positief. In vergelijking met het dialect en standaardtaal zijn de uitslagen minder positief.)

In vergelijking met de andere niveaus bleek voor het Engels het volgende:
Op de vraag of Engels een mooie taal is, antwoorden de meesten positief. De uitslagen voor de vragen iii11 en iii7 zijn:

Tabel 17

		Frequency	Percent	Valid Percent
Valid				
1,00	66	**7,1**	7,1	7,1
1,50	94	**10,2**	10,2	17,3
2,00	16	**1,7**	1,7	19,0
2,50	156	**16,9**	16,9	35,9

[145] zie verder hoofdstuk 5.3

3,00	112	**12,1**	12,1	48,1
3,50	127	**13,7**	13,7	61,8
4,00	142	**15,4**	15,4	77,2
4,50	115	**12,4**	12,4	89,6
	5,00	96	**10,4**	10,4
Totaal	924	100,0	100,0	

41,5% van de informanten laat met deze antwoorden een positieve mening over het Engels zien. 12,1% kon er niet over oordelen.
Uit de vragen over het dialect (iii1, iii3, iii9) bleek dat 42,5% eerder negatieve houdingen tegenover het Kölsch heeft:

Tabel 18

	Frequency	Percent	Valid Percent	
Valid				
1,33	16	**1,7**	1,7	1,7
2,33	243	**26,3**	26,3	28,0
2,67	143	**15,5**	15,5	43,5
3,00	175	**18,9**	18,9	62,4
3,33	94	**10,2**	10,2	72,6
3,67	142	**15,4**	15,4	88,0
4,00	79	**8,5**	8,5	96,5

4,33	32	**3,5**	3,5	100,0
Totaal	924	100,0	100,0	

Het Engels wordt overwegend als een mooie taal beschouwd. De antwoorden op die vraag zijn als volgt:

Tabel 19

		Frequency	Percent	Valid Percent
Valid				
ben ik het niet mee eens	81	**8,8**	8,9	8,9
ben ik het niet helemaal mee eens	79	**8,5**	8,7	17,6
misschien, weet ik niet	208	**22,5**	22,9	40,5
ben ik het bijna mee eens	207	**22,4**	22,8	63,3
ben ik het wel mee eens	333	**36,0**	36,7	100,0
Totaal	908	**98,3**	100,0	
Totaal	924	100,0		

58,4% vindt de taal “mooi”. 22,5% kon daar geen antwoord op geven.

Het metalinguistisch oordeel over het Engels blijft heel positief, vooral als het met de uitslagen over het dialect wordt vergeleken.

Minder positief worden de uitslagen als geantwoord moet worden op vragen over domeinen die tot nu toe vaste domeinen voor de standaardtaal zijn (ii5, ii9, ii10, iii10):

tabel 20

		N	Minimum	Maximum	Mean
II10	924	1	5	**1,42**	,83
II5	909	1	5	**2,79**	1,36
II9	924	3	5	**4,63**	,58
III11	924	1	5	**3,51**	1,35
Valid N (listwise)	909				

tabel 21

		N	Minimum	Maximum	Mean
A2529	924	1,67	5,00	3,6463	,7537
Valid N (listwise)	924				

Het licht negatieve beeld ontstaat door de vraag naar het alleen maar mogen spreken van het Engels in Duitsland. Dit wordt duidelijk tegengesproken. Voor de andere vragen, die het moeten kunnen spreken van het Engels betreffen zijn de uitslagen weer licht positiever, zoals uit het cijfer 3,6 blijkt, dat voor deze vragen werd gemeten. Men zou daaruit kunnen concluderen dat het geen sterke houdingen tegen het Engels zijn, als het maar naast de moedertaal komt te staan.

Aanname 5 (Verwacht wordt, dat het Engels wezenlijke invloed op alle domeinen uitoefent)

Dit betreft de vragen ii5, ii6, ii10, ii11.
De verwachtingen ten opzichte van de ontwikkelingen van het Engels zijn over het algemeen heel evenwichtig. Het lijkt dat de ondervraagden niet kunnen inschatten, in hoeverre de invloed van het Engels in het alledaagse leven zal doorzetten. Toch is de tendens niet negatief. 39,4 procent schat de ontwikkeling als tendens negatief, 46,8% schat de ontwikkeling positiever in. 13,7 procent is daarover niet zeker.

Tabel 22:

Valid		Frequency	Percent	Valid Percent
1,00	16	1,7	1,7	1,7
2,00	98	10,6	10,5	12,3
2,25	32	3,5	3,5	15,8
2,50	126	13,6	13,6	29,4
2,67	15	1,6	1,6	31,1
2,75	78	8,4	8,4	39,5
3,00	127	13,7	13,7	53,2
3,25	63	6,8	6,8	60,1
3,50	161	17,4	17,4	77,5
3,75	81	8,8	8,8	86,3
4,00	95	10,3	10,3	96,5
4,25	32	3,5	3,5	100,0
Totaal	924	100,0	100,0	

Gedetailleerd gezien bestaat deze uitslag uit de volgende momenten.
Op vraag ii6 antwoordden de meesten negatief, slechts 11 procent kan zich voorstellen dat het Engels ooit onderwijstaal zal zijn.

Tabel 23:

		Frequency	Percent	Valid Percent
Valid				
ben ik het niet mee eens	209	22,6	23,0	23,0
ben ik het niet helemaal mee eens	222	24,0	24,4	47,4
misschien, weet ik niet	143	15,5	15,7	63,1
ben ik het bijna mee eens	225	24,4	24,8	87,9
ben ik het wel mee eens	110	11,9	12,1	100,0
Totaal	909	98,4	100,0	
Missing				
System	15	1,6		
Totaal				
	924	100,0		

Daartegenover is het voor de informanten duidelijk dat het Engels in de toekomst op de basisschool wordt geleerd. Dit is tot nu toe in Duitsland niet het geval. Meer dan de helft van de informanten stemt voor deze stelling:

Tabel 24:

		Frequency	Percent	Valid Percent
Valid				
ben ik het niet mee eens	50	5,4	5,4	5,4
misschien, weet ik niet	126	13,6	13,6	19,0
ben ik het bijna mee eens	267	28,9	28,9	47,9
ben ik het wel mee eens	481	52,1	52,1	100,0
Totaal	924	100,0	100,0	

Negatiever zijn de verwachtingen dat in Europa ooit nog Engels als officiele taal zal worden gesproken. Iets meer dan de helft van de informanten is het met deze stelling niet eens:

Tabel 25:

		Frequency	Percent	Valid Percent
Valid				
ben ik het niet mee eens	241	26,1	26,1	26,1
ben ik het niet helemaal mee eens	269	29,1	29,1	55,2
misschien, weet ik niet	290	31,4	31,4	86,6
ben ik het bijna mee eens	76	8,2	8,2	94,8
ben ik het wel mee eens	48	5,2	5,2	100,0
Totaal	924	100,0	100,0	

Dienovereenkomstig negatief wordt op de stelling gereageerd dat in Duitsland ooit Engels als officiële taal zal worden gesproken. Dit zou men als een duidelijk uiting voor de standaardtaal kunnen zien.

Tabel 26:

		Frequency	Percent	Valid Percent
Valid				
ben ik het niet mee eens	650	70,3	70,3	70,3
ben ik het niet helemaal mee eens	225	24,4	24,4	94,7
misschien, weet ik niet	17	1,8	1,8	96,5
ben ik het wel mee eens	32	3,5	3,5	100,0
Totaal	924	100,0	100,0	

Vragen ii1, ii4:
Gevraagd naar het dialect ontstaat het volgende beeld: niemand wil het dialect graag zien uitsterven. Toch denkt niemand dat het Kölsch ooit op school wordt geleerd, wat tot nu toe ook niet het geval is. De uitslagen voor beide vragen zijn als volgt:

Tabel 27:

		Frequency	Percent	Valid Percent
Valid				
ben ik het niet mee eens	443	47,9	47,9	47,9
ben ik het niet helemaal mee eens	76	8,2	8,2	56,2
misschien, weet ik niet	324	35,1	35,1	91,2

ben ik het bijna mee eens	47	5,1	5,1	96,3
ben ik het wel mee eens	34	3,7	3,7	100,0
Totaal	924	100,0	100,0	

Tabel 28:

		Frequency	Percent	Valid Percent
Valid				
ben ik het niet mee eens	590	63,9	63,9	63,9
ben ik het niet helemaal mee eens	222	24,0	24,0	87,9
misschien, weet ik niet	96	10,4	10,4	98,3
ben ik het wel mee eens	16	1,7	1,7	100,0
Totaal	924	100,0	100,0	

Tabel 29:

		Frequency	Percent	Valid Percent
Valid				
1,00	173	18,7	18,7	18,7
1,50	220	23,8	23,8	42,5
2,00	400	43,3	43,3	85,8
2,50	65	7,0	7,0	92,9

3,00	66	7,1	7,1	100,0
Totaal	924	100,0	100,0	

Samengevat zou men kunnen zeggen dat de verwachtingen niet op wezenlijk andere situaties wijzen dan de huidige. Met de ene uitzondering dat wel een algemene, niet al te sterke uitbreiding van het Engels wordt verwacht. Dit resultaat wordt door de vragen naar het Engels in het beroepsleven bevestigd (ii7, ii8):

Tabel 30:

		Frequency	Percent	Valid Percent	
Valid					
	ben ik het niet mee eens	16	1,7	1,8	1,8
	ben ik het niet helemaal mee eens	17	1,8	1,9	3,6
	misschien, weet ik niet	32	3,5	3,5	7,2
	ben ik het bijna mee eens	160	17,3	17,6	24,8
	ben ik het wel mee eens	684	74,0	75,2	100,0
	Totaal	909	98,4	100,0	
Missing					
	System	15	1,6		
Totaal					
		924	100,0		

Tabel 31:

	Frequency	Percent	Valid Percent	
Valid				
ben ik het niet mee eens	81	8,8	8,8	8,8
ben ik het niet helemaal mee eens	290	31,4	31,4	40,2
misschien, weet ik niet	330	35,7	35,7	75,9
ben ik het bijna mee eens	141	15,3	15,3	91,1
ben ik het wel mee eens	82	8,9	8,9	
Totaal	924	100,0	100,0	

Meer dan 80 procent is het met de stelling eens dat het beheersen van het Engels voordelen in het beroepsleven oplevert. Iets minder informanten kunnen zich voorstellen dat zij zonder kennis van het Engels geen baan zullen vinden.

Aanname 6 (Een sterkere positie van de moedertaal wordt gewenst.)

De hierboven beschreven uitslagen laten zien dat er over het algemeen geen negatieve attitudes ten opzichte van een verdere uitbreiding van het Engels te meten waren. Zo bezien wordt het ook niet als negatief beschouwd dat het gebruik van de moedertaal iets minder zal worden. Toch wijst dit meer op het gebruik van diverse talen voor bepaalde taaldomeinen dan op een vervanging van talen. Dit is in het resultaat van vraag ii10 duidelijk te zien. Er moet wel op worden gelet dat het Engels deels als de mooiere taal wordt gezien. Ook antwoordde op de vraag naar de film- (en televisie)taal maar 25,7 procent voor het Duits. Bijna de helft zou graag hebben dat films niet-gesynchroniseerd in de (Engelse) originele versie worden uitgezonden.

Tabel 32:

		Frequency	Percent	Valid Percent
Valid				
ben ik het niet mee eens	114	12,3	12,3	12,3
ben ik het niet helemaal mee eens	124	13,4	13,4	25,8
misschien, weet ik niet	125	13,5	13,5	39,3
ben ik het bijna mee eens	301	32,6	32,6	71,9
ben ik het wel mee eens	260	28,1	28,1	100,0
Totaal	924	100,0	100,0	

Er is niet te zien dat het dialect een sterkere functie in zal moeten nemen. Misschien geldt dit ook niet voor de hoofddomeinen van de standaard- en moedertaal.
Op de vraag of het moeilijk zou zijn zonder kennis van het dialect "erbij te horen" antwoordde tweederde met "nee".

Tabel 33:

		Frequency	Percent	Valid Percent
Valid				
ben ik het niet mee eens	529	57,3	57,3	57,3
ben ik het niet helemaal mee eens	266	28,8	28,8	86,0
misschien, weet ik niet	97	10,5	10,5	96,5
ben ik het bijna mee eens	16	1,7	1,7	98,3

ben ik het wel mee eens	16	1,7	1,7	100,0
Totaal	924	100,0	100,0	

De berekeningen van de frequenties, de gemiddelde waarde en de standaardafwijkingen werden met het statistiekprogramma SPSS voor Windows berekend.

8. SLOTBESCHOUWING

Ik heb in deze scriptie uitgelegd welke rol de attitudes ten opzichte van een taal in iemands psychologische wereld spelen en welke relaties met het gedrag bestaan. Uit deze overwegingen bleek dat attitudes zelf een vorm van (psychisch) gedrag zijn die, als het succesvolle attitudes zijn, een bepaalde relatie met het zichtbare gedrag vertonen.

Daarna heb ik de taalcontactsituatie in Europa beschreven en erop gewezen hoe deze volgens mij voor de jongeren ontstaat. Een belangrijk moment daarbij is het nauwelijks bestaande persoonlijke contact met sprekers, vooral moedertaalsprekers, van het Engels. Daardoor ontstaat een contactsituatie die zich van andere taalcontacten onderscheidt, doordat niet direct op de sprekers kan worden gereageerd.

Met betrekking tot mijn onderzoek en met het oog op de situatie van het Engels in Europa ben ik tot de conclusie gekomen dat er een taalpolitieke reactie moet komen die met de houdingen ten opzichte van de taalniveaus rekening houdt.

Volgens van der Els zijn er verwachtingen dat het Engels tot de enige werktaal voor het institutionele Europa uit zal groeien. Ook van de door mij ondervraagde informanten denkt 13,4 procent zelfs dat in Europa ooit Engels zal worden gesproken. Dit is zodoende één mogelijke toekomstige ontwikkeling, maar deze cijfers zijn niet heel hoog en het is aan te nemen dat de ontwikkeling van de Europese taaldiversiteit een niet zo "eenvoudige" oplossing zal vinden. De status van de standaardtalen schijnt te hoog te zijn voor een monolinguale oplossing voor de Europese taalsituatie. Jeffra Fleitz[146] citeert onderzoeksresultaten van in Zwitserland en in Frankrijk uitgevoerde onderzoeken, waarbij de houdingen ten opzichte van Europese talen werd onderzocht. Daaruit bleek dat het Engels meestal als handig, nuttig en belangrijk wordt ervaren. Ook werden voor het Engels positieve esthetische oordelen gemeten. Er werden in vergelijking met andere talen bijvoorbeeld de hoogste scores voor de attributen "mooi" en "muzikaal" bereikt. Dit stemt overeen met lage scores voor de attributen "onaangenaam", "ingewikkeld" en "moeilijk om te leren". Engels geldt vaak als aantrekkelijk vanwege de symbolische functie als de taal van de vrijheid en een veelbelovende toekomst. De uitslagen worden positiever naarmate de informanten jonger zijn.

[146]Flaitz, J. 1988

De algemene verwachtingen ten opzichte van het Engels zijn wel vrij positief. Het gaat daarbij om twee verschillende domeinen, die bij elke beschouwing moeten worden onderkend. Feitelijk blijkt dat het bilaterale taalverkeer in de meeste gevallen in een van de betrokken buurtalen wordt gevoerd.[147] Volgens van Els is het dan ook niet waar dat de behoefte aan een vreemde taal in Europa volledig vervuld zijn met het leren van Engels alleen.[148] Aan de andere kant zou het ook niet voor iedereen nodig zijn om bijvoorbeeld het Nederlands of een andere "kleine" taal te leren. Daarvoor zijn de taalbehoeftes niet zo sterk als sommigen dit graag zouden zien[149]. De diversiteit van de Europese taalsituatie vereist daarom vooral een divers en aan de vele verschillende geografische omstandigheden en domeinen aangepast taalbeleid. Inzicht in deze taalbehoeftes kunnen de attitudes van de sprekers geven.

Attitudes zouden in een intectionele (intectional)[150] contactsituatie een grotere rol kunnen spelen dan in andere contactsituaties. Dat komt omdat de redenen voor een gedrag naar aanleiding van attitudes in deze situatie nog vrij abstract zijn en zodoende minder primaire factoren een rol voor de gedragsvorming zullen spelen. De sociaal-situationele invloed op het taalgebruik is immers minder sterk wanneer er persoonlijk contact of enige vorm van het indringen in een taalgemeenschap was. De Swaan schrijft:

> "Demographic factors apart, languages are therefore transmitted through conquest, conversion and commerce."[151]

Van de drie genoemde factoren is het vooral de "commerce" die als kanaal voor taaloverdracht functioneert.

Het onderzoeken van attitudes blijkt een nogal moeilijke opdracht te zijn. Dat hangt daarmee samen dat er heel goed op moet worden gelet welke attitudes voor welke vraagstelling worden onderzocht. Er zou moeten worden gekeken wat voor attitudes ten opzichte van minder algemene vraagstellingen te meten zijn. Daarbij gaat het bijvoorbeeld om de attitudes ten opzichte van het leren van het Engels op school of

---

[147]van Els 2000, p. 58
[148]van Els 2000, p. 70
[149]Wright 2000
[150]Ehlich 1994
[151]de Swaan, A. 1999, p. 16

op andere manieren of om het gebruik van het Engels in bepaalde domeinen. Een onderzoek als voor dit werkstuk gebruikt is te algemeen om antwoord te kunnen geven op bepaalde vragen omtrent het gedrag. In dit geval worden alleen attitudes ten opzichte van het Engels voor een grootschalige intectionele contactsituatie gemeten.

Uit dit onderzoek bleek vooral dat er geen uitzonderlijk verschil valt aan te tonen tussen de verwachtingen van scholieren en de tegenwoordige situatie. Er worden veranderingen verwacht en deze worden niet als negatief beschouwd. Deze verwachtingen zijn niet bijzonder verrassend en bevestigen de van te voren opgestelde aannamen. Dat betekent niet dat de onderwijssituatie, voorzover mij bekend, met de verwachtingen overeenkomt. Deze zouden zodoende aanleiding kunnen zijn om de omstandigheden waarin de attitudes zijn ontstaan aan te passen. Dit betreft in eerste instantie het onderwijs en de media. Er moet aandacht worden besteed aan de over het algemeen positieve houdingen ten opzichte van het Engels. Daarnaast blijft het ook belangrijk te voldoen aan de verwachting van een gelijkwaardig taalconflict en het willen behouden van lokale taalvariëteiten.

Het Engels wordt beschouwd als een taal die de huidige taalsituatie aanvult. Ideeën omtrent vervanging leiden niet tot een positieve reactie.

Er wordt algemeen verwacht dat het Engels zich tot lingua franca voor Europa zal ontwikkelen en dat daar vroeger of later ook door een Europese overheid op moet worden gereageerd. De politiek van het grote aantal officiële talen zal vooral met de uitbreiding van de Europese Unie tot logistieke problemen leiden. Er moeten taalpolitieke beslissingen worden genomen die tot een zekere twee- of drietaligheid in Europa zullen leiden. Dit zou betekenen dat alle drie taalniveaus moeten worden ondersteund, zodat de attitudes ten opzichte van de niveaus beschikbaar blijven. Er moet een situatie kunnen ontstaan waarin waar nodig, dus in multilaterale betrekkingen, door iedereen in het Engels kan worden gecommuniceerd, terwijl in mono- en bilaterale betrekkingen de Europese standaardtalen voor hetzelfde inhoudelijke doel worden gebruikt. Deze ontwikkeling kan plaatsvinden naast de eigen geschiedenis en ontwikkeling van de vele Europese standaardtalen.

Veel talen hebben in bepaalde streken of in bepaalde situaties de rol van een lingua franca. Er bestaat volgens mij geen noodzaak om daar iets aan te veranderen, ook vanwege de daaraan gekoppelde gevoeligheden.

> "Language policy in Europe is such a political hot potato that concerted high-level initiatives have been taken."[152]

Er moet rekening worden gehouden met de sterke identificatiekracht die de Europese talen voor de gemeenschappen hebben. Zodoende moeten zowel het Engels als de standaardtalen en dialecten worden gesteund door een manier te vinden ze van elkaar gescheiden te houden en in wederzijds respect te ontwikkelen.
De vorm van het Amerikaanse Engels, dat zich vrij snel heeft uitgebreid, bestond uit een soort kleinste gemeenschappelijke noemer voor de rechtstreekse communicatiebehoeften op een globale schaal. De gebruikte zinnen zijn kort, de van tevoren geformuleerde frasen overwogen. Er is sprake van een taalinstrument dat vooral werd gebruikt om de betrekkingen te vereenvoudigen in domeinen, waarin het minder belangrijk is een individueel esthetische uitdrukkingsvorm te produceren als duidelijke en onmisbare boodschappen te versturen en te ontvangen. Dit vond vooral in de domeinen van de luchtvaart of het toerisme plaats.
Het Engels is voor Europa niet minder maar ook niet meer dan een internationale taal. Gedeeltelijk hebben de Europeanen zelf voor deze taal gekozen om hun eigen boodschappen te kunnen verspreiden. Het is dus minder een culturele aanval op de Europese culturen als een middel van deze culturen om zich internationaal te representeren. Dit wil niet zeggen dat de Amerikaanse invloed op deze ontwikkeling niet bestaat. Een zekere Europese taalpolitiek zou deze invloed echter kunnen beperken.
Een deel van de taalpolitiek zou moeten bestaan uit het bevorderen van de beschikbaarheid en het succes van taalattitudes.
Weliswaar zijn het normen, gewoontes, verwachte consequenties, enz.[153] die invloed op de verhouding tussen attitudes en gedrag uitoefenen. Maar zij maken wel deel uit van de mentaliteit van de mensen en hun keuzen. Men zou kunnen verwachten dat het bijzondere taalcontact met het Engels in Europa, het intectionele contact, de invloed van attitudes op de reactie bevordert.
In ieder geval spelen attitudes een grote rol in de politiek, omdat zij de stemming in de bevolking mede bepalen. Om democratische redenen moeten de attitudes ten minste beschikbaar en voor de meerderheid ook succesvol zijn. Zoals uit het onderzoek van Fazio (1986) bleek, kunnen attitudes in de politieke keuze een veel

---

[152]Skutnabb-Kangas, Phillipson: IN: Graddol/Meinhof 1999
[153]Trinadis: 1971

grotere rol spelen dan voor andere gedragsvormen. Mijn onderzoek heeft laten zien dat de leerlingen de tegenwoordige situatie in principe zonder veel kritiek als positief beschouwen. Het is voor de taalpolitieke besluitvorming van belang om voldoende op deze houdingen te letten, om niet tegen de overtuigingen van de taalgemeenschap te moeten handelen. In de taalontwikkeling van het Engels in Europa liggen zowel dwang als kansen.

Het feit dat de verbinding tussen attitude en gedrag blijkbaar nauwelijks te meten was wil niet betekenen dat de attitudes helemaal niet van belang zijn of gewoon de mentale representatie van het gedrag zijn. Attitudes zijn op zich een vorm van mentaal gedrag, bepaald door primaire sociale factoren. Zij moeten als succesvol worden herkend als zij op een gedrag kunnen wijzen. Als dit niet het geval is zullen attitudes als niet succesvol gelden. Zij „blijven“ mentaal, een stemming of psychische situatie.

De verhoudingen in mijn onderzoeksgroep vertonen overeenkomsten met de verhoudingen op Europees niveau. 83 procent van de Europese scholieren leert Engels op school. 51 procent van de Europese burgers geeft aan die taal te "kennen".[154] De door mij ondervraagde informanten geven met 72 procent aan, Engels goed te kunnen spreken. Zij beschikken dus over een tweede taal naast hun moedertaal.

Een criterium voor tweetaligheid is echter dat de tweede taal door een individu regelmatig wordt gesproken. Zoals eerder gezegd speelt de mate van competentie , het even goed beheersen van een tweede taal als de moedertaal, een minder belangrijke rol. Uit mijn onderzoek blijkt dat er van regelmatig spreken nauwelijks sprake kan zijn, omdat dit alleen maar tijdens de onderwijslessen gebeurt. Wel is er sprake van regelmatig horen. Dit is een van de eigenschappen van de huidige taalcontactsituatie.

Voor de situatie in Europa komt het op het volgende uit: het gebied wordt als EFL-land beschouwd, waar een bijzondere vorm van taalcontact plaatsvindt. Deze wordt door Ehlich (1994) "intectioneel" genoemd. De eigenschap van deze vorm van taalcontact is volgens mij dat niet het contact tussen sprekers de bestemmende een veroorzakende factor voor het contact is maar dat de taal zonder spreker naar binnen komt. Het bijzondere aan het intectionele contact is de passieve structuur daarvan, omdat op de moedertaalsprekers van deze taal niet direct kan worden

---

[154]Eurobarometer

gereageerd. Als dit niet mogelijk is, dan moet wel ten minste op de (onder dezelfde invloed staande) deelnemers van de eigen taalgemeenschap zelf worden gereageerd. Het oordeel over de taal zou dus ook van het oordeel over het eigen gebruik van de taal afhankelijk kunnen zijn. Met de attitudes over het Engels wordt dus ook het zelfbeeld bepaald en niet alleen het beeld van de taal die door anderen wordt gesproken of geïmporteerd.
De intectietaal is (waarschijnlijk) de als supranationaal geclassificeerde taal Engels. Op basis van overeenkomst en als logisch gevolg van de taalsituatie in Europa met de bijzonder zelfstandige taalgemeenschappen, waaronder zelfs vijf “grote” koloniale talen, hoort een vreemde taal een coördinatiemedium tussen de Europese culturen te zijn. Daarvoor is een politieke besluitvorming nodig om het tot nu toe “stiekem” verlopende proces officieel te versterken. Een dergelijke besluitvorming is mede afhankelijk van de ontstane attitudes ten opzichte van het Engels. Daar zou rekening mee moeten worden gehouden, als de politiek de maatschappelijke ontwikkelingen niet alleen achteraf wil bevestigen. Het gevolg van een succesvolle houding ten opzichte van het Engels is onder andere de kans op een vreedzaam verlopend taalconflict. Een ander gevolg is dat door de concurrentie tussen de talen een Europese situatie van diglossie niet onmogelijk wordt. Een positieve en succesvolle attitude ten opzichte van deze ontwikkelingen zou ervoor moeten kunnen zorgen dat er daadwerkelijk sprake van een intectiefenomeen is en niet slechts van subordinatie.

Het bleek dat attitudes geen grote rol met betrekking tot het gedrag van de mensen spelen. Het bleek dat de invloeden en constituerende momenten voor het gedrag veelvoudig gerepresenteerd zijn en niet noodzakelijk door de attitudes worden bepaald. Daarnaast bleek dat de in attitudes gerepresenteerde oorzaken voor gedragsvormen niet tot de beslissende behoren. Andere oorzaken, zoals motivatie of sociale of economische druk hebben een veel grotere invloed op de handelwijzen van de mens dan de houdingen ten opzichte daarvan. Vele onderzoekers noemen het bekende historische voorbeeld van de Ierse geschiedenis. Het lijkt duidelijk dat de attitudes van de Ierse bevolking ten opzichte van de Engelsen als bezettingsmacht en ten opzichte van hun taal zeer negatief zijn geweest. Nochtans hebben de Ieren de taal van de Engelsen overgenomen. Dat gaat zelfs zo ver dat de taal nu de officiële taal van Ierland is en voor het grootste deel van de bevolking de moedertaal is geworden. Het Iers zal hopelijk niet uitsterven maar in ieder geval de taal van een minderheid blijven en dus afhankelijk zijn van de bijzondere bescherming van de overheid. Dit zou een duidelijk voorbeeld van niet-succesvolle attitudes kunnen zijn. Maar het is achteraf moeilijk te zeggen in hoeverre deze negatieve houdingen op de overname en de daaropvolgende ontwikkeling van de taal invloed hebben gehad. Duidelijk lijkt dat de politieke stemming wel onder de invloed van de niet-succesvolle attitudes lijdt.

Als een van de argumenten voor het Engels als lingua franca wordt de democratische kracht van de taal gegeven. Dit argument zit meer aan de sociale kant van de sociale psychologie van de taal en minder aan de linguïstische. Maar het zou voor de taalpolitiek aanleiding kunnen zijn om de mensen in het "nieuwe" taalgebied de mogelijkheid te geven de taal met beschikbare en succesvolle attitudes ten opzichte van het object tegemoet te kunnen treden. De houdingen zullen de taalontwikkelingen niet kunnen stoppen of omdraaien maar zij kunnen toch van invloed zijn op een toekomstige ontwikkeling. De ontwikkeling van de Engelse taal in Europa is maar ten dele afhankelijk van de politieke wil. Dit toont de zeer sterke positie van het het Engels in de domeinen van handel, reclame en muziek aan. Leerlingen groeien met deze ontwikkelingen op, zij zullen in deze verengelste situatie terechtkomen. Het zou voor de democratische ontwikkeling en de politieke besluitvorming relevant zijn om te kunnen beschikken over beschikbare en succesvolle houdingen.

Een ander domein waarin de attitudes een grote rol spelen is het onderwijs in vreemde talen. Voor het onderwijs is het van belang rekening te houden met de waarneming van de leerlingen en hun oordeel en het onderwijs daarop af te stemmen. Aan de andere kant moet ook het oordeelsvermogen van de scholieren worden gestimuleerd en gesteund. Voor de leraren is dit belangrijk omdat zij meer dan alleen puur taalmaterieel geven. Vaak zijn zij representatief voor de Engelstalige wereld. In de in dit werkstuk beschreven situatie behoren zij tot de weinigen die het taalcontact personifiëren. Het oordelen over de taal of over het leren van de taal en de attitudes ten opzichte van de taal ontwikkelen zich ten dele parallel met het oordeel over de leraar of lerares. In deze microruimte staan de leerkrachten voor de ontwikkeling van een cultureel beeld en de opbouw van een algemeen cultureel oordeel.

De verwachtingen van de leerlingen zoals deze uit mijn onderzoek blijken geven de opdracht aan het onderwijs rekening te houden met de taalontwikkeling en het voor de scholieren mogelijk te maken de noodzakelijke competenties te verwerven om daar een actieve rol te kunnen spelen waar het Engels zich in verscheidene domeinen gaat uitbreiden.

APPENDIX 1

Tabel 1: Tabel van Konrad Ehlich (1994)
Typologie van de vormen van taalcontact:

Initiatief van het contact	Nummer	Typ	Linguïstieke gevolgen: maatschappelijk	Linguïstieke gevolgen: individueel
--	1	Geen contact	--	--
A/B	2	Uitwisseling in de grenslanden	Individuele bilingualiteit	„Mischsprache“
A	3	Sporadisch contact	(Verminderde) individuele bilingualiteit	Pidgin
	4	Intrusion		Verticale bilingualiteit
		Immigration	Individuele bilingualiteit, „secondary monolingualism“ (taalverlies)	
	5	Aggression		Taaloverheersing, „Mischsprache“
	6	Ingression		Koloniale overmacht / Creolisatie
B	7	Imprehension		Verticale bilingualiteit
	8	Implantation	--	--
	9	Subordination		Taalverlies
A/B	10	Intection	Developed multilingualism, multiculturality	

Tabel 2:
Economische kracht van de officiële EU-talen in biljoen US-Dollars, volgens Grimes (1984) and Haefs (1989). Uit: Ammon U. (1996)

	Binnen de EU		Wereldwijd	
1	Duits	1074	Engels	5824
2	Frans	750	Duits	1253
3	Engels	604	Frans	924
4	Italiaans	594	Spaans	647
5	Nederlands	241	Italiaans	564
6	Spaans	240	Portugees	325
7	Deens	76	Nederlands	241
8	Grieks	40	Deens	76
9	Portugees	29	Grieks	42

APPENDIX 2

Würzburg Declaration in European Language Policy

As a result of the internationsal conference

European Language Policy

which took place within the framework of the European Centre of Excellence at the Universitty of Würzburg, Germany, June 6-8, 2002, the following statements werde unanimously agreed upon:

1. The cultural and linguistic diversity of the Eruopean countries cooperatin gin the European Union must be maintained on a transnational level in the years to vome. It is the basis for the peace ans economic prosperity of this continent.

2. The indivicual member states of the European Union shall take in to account the specific and regional interests of their respective countries in order to do justice to thei diversity and to their citizens´sense of belonging. An international *lingua france* such as English is expected to foster translational communications but it should not replace linguistic as a tertiary language.

3. The European Language Policy must result in a more intense language teaching programme in the individual European education systems. In order to meet with the demands of the professional world the methods of both language teaching and learning in schools must be modernised and the possibilisities of aelectronic media i.e. computer (inernet) put to optimal use.

4. To meet he aim of European plurilingualism the European Union schould extend the number of its working languages. In this case German must be acknowledgement as one of the working languages within the institutions

of the European Parliament.

Only an active an intensified language policy corresponding to the cultural diversity of the European countries can guarantee the fututre of the European Union.[155]

[155] *In*: Ahrens 2003

APPENDIX 3

Wie selbstverständlich ist Englisch, wie wichtig der Dialekt?

~

Fragebogen zur Attitüdeuntersuchung
an Gymnasien
in Deutschland, Belgien und den Niederlanden

TEIL EINS

Der Fragebogen beginnt mit einigen Fragen zur Person (bitte füllt hier keine Namen ein). In diesem ersten Abschnitt bitte ich euch, die entsprechenden „"-Zeichen anzukreuzen und die unterstrichenen Abschnitte zu verwenden.

Wie alt bist Du?

15 Jahre	16 Jahre	17 Jahre

Bist Du männlich oder weiblich?

m	w

Wie gut sprichst Du Deiner Meinung nach Bergheimer Platt?

fließend	gut	schlecht	gar nicht?

Wie gut sprichst Du Deiner Meinung nach Englisch?

fließend	gut	schlecht	gar nicht?

Wo hast Du Englisch sprechen gelernt? ______________________________

Sprechen Deine Eltern Bergheimer Platt

fließend	gut	schlecht	gar nicht?

Haben Deine Eltern studiert, oder eine Ausbildung gemacht?

Studium	Ausbildung	unterschiedlich

Wo bist Du geboren? ______________________________

Wenn nicht hier, wie lange wohnst Du schon hier?

____

Wo sind Deine Eltern geboren? Vater in ________________

Mutter ir. ________________

Wenn nicht hier, wie lange wohnen sie schon hier?

Mutter: ________________

Wo hast Du zum ersten Mal Englisch gesprochen? ________________

Hast Du das in positiver oder negativer Erinnerung?

in positiver	in negativer

TEIL ZWEI

Im folgenden Teil des Fragebogens, wird getestet, wie Ihr über den Gebrauch von Sprachen denkt. Es gibt fünf Antwortmöglichkeiten pro Frage. Es ist nur eine Antwort möglich. Entscheidet Euch für die Antwort, die euch am nächsten liegt, auch wenn Ihr das Gefühl habt, daß keine der 5 Antworten richtig eure Meinung trifft.

5: ich stimme dem zu***4: ich stimme dem eher zu***3: vielleicht, ich weiß nicht***2: ich stimme dem eher nicht zu***1: ich stimme dem nicht zu

		5	4	3	2	1
1	Bergheimer Platt wird in zehn Jahren an der Grundschule unterrichtet.					
2	Ich habe im Beruf Vorteile, wenn ich Bergheimer Platt sprechen kann.					
3	Der Bundeskanzler sollte fließend Bergheimer Platt sprechen können.					
4	Bergheimer Platt sollte „aussterben“.					
5	Englisch wird in zehn Jahren Unterrichtssprache sein.					
6	Englisch wird in zehn Jahren überall an der Grundschule unterrichtet.					
7	Ich werde im Beruf Vorteile haben, wenn ich Englisch sprechen kann.					
8	Ich würde auch ohne Englischkenntnisse nach der Schule einen Arbeitsplatz bekommen.					
9	Der Bundeskanzler sollte fließend Englisch sprechen können					

10	In Deutschland darf nur noch Englisch gesprochen werden.					
11	In Europa wird irgendwann nur noch Englisch gesprochen.					

TEIL DREI

In dem folgenden Teil des Fragebogens geht es um die Verbindung Eure Antworten mit Euren Erfahrungen und Wünschen. Pro Antwort ist auch hier nur ein Kreuz gültig.

5: ich stimme dem zu***4: ich stimme dem eher zu***3: vielleicht, ich weiß nicht***2: ich stimme dem eher nicht zu***1: ich stimme dem nicht zu

		5	4	3	2	1
1	Bergheimer Platt hat einen schönen Klang.					
2	Ich kann bestimmte Dinge besser auf Bergheimer Platt ausdrücken, als auf Hochdeutsch.					
3	Ich bin neidisch auf Menschen, die besser Bergheimer Platt sprechen können als ich.					
4	Ich finde es schwierig, „dazu zu gehören", wenn ich kein Bergheimer Platt spreche.					
5	Ich habe Kontakt zu Menschen, die **nur** Bergheimer Platt sprechen können.					
6	Englisch ist eine schöne Sprache.					
7	Ich bin neidisch auf Menschen, die besser Englisch sprechen können als ich.					
8	Ich spreche manchmal Englisch mit anderen					
	In der Schule					
	Zu Hause					
	Mit Freunden oder Bekannten					
9	Ich möchte Bergheimer Platt gerne in der Schule lernen.					

10	Ich möchte gerne (mehr) Fernsehprogramme auf Bergheimer Platt sehen.					
11	Ich fände es besser, wenn englische/amerikanische Filme im Original gezeigt würden.					

TEIL VIER

Hier stehen einige Fragen, auf die anders geantwortet werden muß. Es ist damit möglich, Fragen miteinander zu vergleichen. Pro Antwort gilt nur ein Kreuz.

		Englisch	Hochdeutsch	Bergheimer Platt
1	Was würdest Du im Unterricht am liebsten sprechen?			
2	Was würdest du in den Pausen am liebsten sprechen?			
3	In welcher Sprache würdest Du gerne mehr Musik hören?			
4	Welche Sprache hörst Du am liebsten?			
5	Welche Sprache sprichst Du am liebsten?			
6	In welcher Sprache würdest Du Dich am liebsten verständigen?			
7	In welcher Sprache hörst Du die meiste Musik?			
8	Wenn welche Sprache gesprochen wird, wann fühlst Du Dich am wohlsten?			
9	Wie unterhältst Du Dich normalerweise mit Deinen Freunden?			
10	Wie unterhältst Du Dich normalerweise im Supermarkt?			
11	Wie unterhältst Du Dich normalerweise mit Deinen Eltern?			

Nederlandse versie:

Hoe vanzelfsprekend is het Engels, hoe belangrijk zijn de dialecten?

~

Vragenlijst voor een attitude-onderzoek aan middelbare scholen in Duitsland, België en Nederland

DEEL EEN

De vragenlijst begint met enkele vragen over je achtergronden (alsjeblieft geen naam invullen).

Ik verzoek je bij de goehet antwoorden het teken ☐ aan te kruisen en de onderstreepte stroken te gebruiken.

1 Hoe oud ben jij? 15 jaar ☐ 16 jaar ☐ 17 jaar ☐

2 Ben jij mann of vrouw? m ☐ v ☐

3 Hoe goed spreek jij Heerlens? vloeiend ☐ redelijk ☐ slecht ☐ niet ☐

4 Hoe goed spreek jij Engels? vloeiend ☐ redelijk ☐ slecht ☐ niet ☐

Waar heb jij het geleerd? ______________________________

6 Spreken je ouders Heerlens? vloeiend ☐ redelijk ☐ slecht ☐ niet ☐

7 Hebben je ouders gestudeerd, of een andere opleiding gevolgd?

gestudeerd ☐ andere opleiding ☐ verschillend ☐

8 Ben jij hier of in de omgeving geboren? in ______________________

Als het ergens anders is, hoe lang woon je al hier? _______jaar

9 Zijn je ouders hier of in de omgeving geboren? Vader in_____________

Moeder in____________

Als het ergens anders is, hoe lang wonen zij al hier?

Vader__________jaar,

Moeder_________jaar

10 Waar heb jij voor de eerste keer Engels gesproken? __________________

Was dat een positieve of negatieve ervaring? positief negatief

DEEL TWEE

In het volgende deel wordt getest, hoe jullie over de talen en het gebruik daarvan denken. Er zijn vijf antwoordmogelijkheden voor elke vraag. Ik verzoek je bij elke vraag alleen maar een kruis te maken. Als geen antwoord van toepassing lijkt te zijn, kies voor de inhoudelijk dichtstbijzijnde.

5 – ben ik het wel mee eens *** 4 – ben ik het bijna mee eens *** 3 – misschien, weet ik niet *** 2 – ben ik het niet helemaal mee eens***1 – ben ik het niet mee eens

	5	4	3	2	1
1. Heerlens wordt over tien jaar op de basisschool geleerd.					
2. Ik zal op werk voordelen hebben als ik Heerlens kan spreken.					
3. De koning zou Heerlens moeten kunnen spreken.					
4. Het Heerlens zou moeten verdwijnen.					
5. Engels zal over tien jaar onderwijstaal aan mijn school zijn.					
6. Engels wordt over tien jaar op elke basisschool geleerd.					
7. Ik zal op mijn werk voordelen hebben als ik Engels kan spreken.					
8. Ook zonder kennis van het Engels zal ik na school een baan krijgen.					
9. De koning zou vloeiend Engels moeten kunnen spreken.					
10. In België mag alleen maar Engels worden gesproken.					
11. In Europa zal ooit alleen nog maar Engels worden gesproken.					

DEEL DRIE

In het volgende deel gaat het om het verband van de door jullie gegeven antwoorden met jullie ervaringen en wensen. Ik verzoek je bij elke vraag alleen maar een kruis te maken.

5 – ben ik het wel mee eens *** 4 – ben ik het bijna mee eens *** 3 – misschien, weet ik niet *** 2 – ben ik het niet helemaal mee eens***1 – ben ik het niet mee eens

	5	4	3	2	1
1. Heerlens heeft een mooie klank.					
2. Ik kan bepaalde dingen in het Heerlens beter uitdrukken.					
3. Ik ben jaloers op mensen, die beter Heerlens kunnen praten.					
4. Ik vind het moeilijk om "erbij te horen" als ik geen Heerlens spreek.					
5. Ik heb contact met mensen, die alleen maar Heerlens kunnen praten.					
6. Engels is een mooie taal					
7. Ben jij jaloers op mensen, die beter Engels kunnen praten?					
	5	4	3	2	1
8. Ik praat soms Engels met anderen					
op school					
thuis					
met vrienden of kennissen					
9. Ik wil Heerlens graag op school leren.					
10. Ik zou televisieprogramma's in het Heerlens willen volgen.					
11. Ik zou het beter vinden als films nagesynchroniseerd zouden worden.					

DEEL VIER

Deze vragen dienen nog vanuit een ander perspectief te worden gesteld.

	Engels	Nederlands	Heerlens
1. Welke taal zou jij het liefst in de toekomst tijdens de les willen spreken			
2. Welke taal zou jij het liefst in de toekomst in de pauzes willen spreken			
3. In welke taal zou jij het liefst in de toekomst willen communiceren?			
4. In welke taal praat jij over het algemeen met jouw vrienden?			
5. In welke taal praat jij over het algemeen in de Supermarkt?			
6. In welke taal praat jij over het algemeen met jouw ouders?			
7. In welke taal hoor jij de meeste muziek?			
8. In welke taal zou jij graag naar meer muziek willen luisteren?			
9. Bij welke taal voel jij je het best wanneer die gesproken wordt?			
10. Welke taal hoor jij het liefst?			
11. Welke taal spreek jij het liefst			

APPENDIX 4

„Moreover, it is an error to believe that human beings will get along better once they better understand each other.“
De Swaan (1999)

„Das Verhältnis des Menschen zu seiner Sprache ist [...] das der immer unvollkommenden Mehrsprachigkeit und mehrsprachigen Unvollkommenheit.“
Wandruszka (1984)

„The second language user never seemed to win in this see-saw of attitudes. If he gained ‚native like' competence he was suspect; if he did not gain it he was an object of linguistic ridicule.“
Strevens (1992)

„I think there is a humor barrier somwhere near Bangladesh.“
David Flack (1999)

„Es sind englische Wörter, die den zeitgenössischen Wünschen Ausdruck verleihen [...].“
Claude Hagége (1996)

„The utility of a language for a speaker (i) in a constellation or sub-constellation (S) van be expressed in terms of its ‚communication value', $Q_{i,}$ indicating its potential to link this speaker with other speakers in S. The ‚prevalence' (p_i) of language i, refers to the number of speakers (P_i) that are competent in o, divided by all the speakers (N^s) in constellation S. The ‚centrality' (c_i) refers to the number (C_i) of multilingual speakers who <u>also</u> speak the language i, divided by all the multilingual speakers M^S) in constellation S. The communication or Q-value equals the product of the prevalence (p_i) and the centrality (c_i) of language i in constellation S.
The formula can be written as follows: $Q_i = p_i \times c_i = (P_i/N^s) \times (C_i/M^s)$"
Abraham de Swaan (1999)

"Hence, the negative attitudes towards the non-dominant group were not only expressed by dominant speakers, but they were also amplified by the non-dominant

speakers to such an extend that the non-dominant language group downgrades themselves more than they are downgraded by the dominant language group.”
Britta Korth (2005)

„To pass on to posterity one´s own language, more highly developed, more refined, and more precise than it was before one wrote it, that is the highest possible achievement of the poet as poet.“
T. S. Eliot

„There is no achievement without effort.“
Abdallah Khalid

LITERATUURLIJST

Ahrens, R. (Hrsg.): „Europäische Sprachenpolitik. European Language Policy“, Heidelberg:Winter, 2003

Ammon, U.: “The European Union (EU - formerly European Community): Status change of English during the last fifty years“. *In:* Fishman, A. / Conrad, A. / Rubal-Lopez, A.: “Post-Imperial English. Status change in Former British and American Colonies, 1940 - 1990", Berlin:Mouton de Gruyter, 1996

Arter-Lamprecht, L.: ”Deutsch-Englischer Sprachkontakt: Mehrsprachigkeit”, Tübingen: Francke, 1992

Bartels, J.F. / Kluiter H. / Smeden, K.G. van: “Enquête-adviesboek“. Groningen:Wolter-Noordhoff, 1978

Bayer, L.: “Sprachgebrauch vs. Spracheinstellung im Tschechischen“, München:Otto Sagner, 2003

Bailey, K. D.: “Methods of Social research”. New York:Free Press, 1987

Blok-van der Voort, E.M.: ”Attiude-onderzoek, eindexamenklassen van Leidse Lycea”.Universiteit Leiden, 1965

Bußmann, H.: “Lexikon der Sprachwissenschaft”. Zweite, völlig neu bearbeitete Auflage. Stuttgart:Kröner, 1990

Bree, C. van: “Sociale en regionale taalvariatie”. (Syllabus), Leiden:Universiteit, Opleiding Nederlands, 2000

Cooper, R. L. / Fishman, J. A.: “The study of language attitudes”. *In*:International journal of the sociology of language 3, 1974

Doeleman, A.F.M.: “Native reactions to nonnative speech“. (Studies in Multilingualism 13), Tilburg:TUP, 1998

Ehlich, K.: “Communication disruptions: On benefits and disadvantages of language contact.” *In:* Pütz, M. (ed.): Language contact and language conflict. Amsterdam:Benjaminis, 1994

Els, T. J. M. van: “De Europese Unie, haar Instituties en haar Talen. Enkele taalpolitieke beschouwingen.” Nijmegen:KUN, 2000

Extra, G. / Kloprogge, J. (eds.): “Taalpeiling Voorgezet Onderwijs in Maastricht. De status van allochtone talen thuis en op school.” Tilburg:Babylon, 2001

Fazio, R. H. / Williams, C. J.: „Attitude Accessibility as a Moderator of the Attitude-Perception and Attitude-Behavior Relations: An Investigation of the 1984 Presidental Election. *In:* Journal of Personality and Social Psychology, 51, p. 505-514, 1986

Fazio, R. H.: “Attitudes as Object-Evaluation Associations: Determinants, Consequences, and Correlates of Attitude Accessibility.” *In:* Petty, R. E. / Krosnick, J. A. (eds.): Attitude Strength . Antecendents and Consequences. The fourth Ohio State University Volume on Attitudes and Persuasion. Mahwah:LEA, 1995

Fink, H. / Fijas, L / Schons, D.: “Anglizismen in der Sprache der neuen Bundesländer.” (Freiberger Bbeiträge zu Einfluß der anglomaerikanischen Sprachen und Kultur auf Europa 4), Frankfurt a. M.:Lang, 1997

Fishman, J. A.: “Bilingualism with and without Diglossia.” *In:* The Journal of Social Issues 21, 1967

Flaitz, J.: “The Ideology of English. French Perspectives of English as a World Language“. Berlin:Mouton de Gruyter, 1988

Gardner, R.C.: “Social psychologic aspects of second language acquisition.“ *In:* Giles, H. / StClair, R.N. (eds.): “Language and social psychology.“ Oxford: Basil Blackwell, 1979

- “Social Psychology and Second Language Learning: The Role of Attitudes and Motivation.” London:Edward Arnold, 1985

Garret, P / Coupland, N. / Williams, A. (eds.): “Social meanings of dialect, ethnicity, and performance”, Cardiff:U. of Wales Press, 2003

Geest, A.J. M van der / Koster, C.J. / Matter, J.F.: “Taalnorm en Taalattitude.“ Toegepaste taalwetenschap (TTW) 16 A, Nummer 2A, Jahrgang 1983, Amsterdam:VUB, 1983

Gerritsen, M: “English for Pan-European advertsing.” *In:* Huls, E. / Klatter-Folmer, L. (eds.): Artikelen van de Tweede Sociolinguistische Conferentie. Delft:Eburon, 1995

Giesbers, H.W.M.: ”Codeswitching tussen dialect en standaardtaal”. Nijmegen/Amsterdam, 1989

Graddol, D / Meinhof, U.H. (eds.): “English in a changing world**.“** Oxford:AILA, 1999

Granger, S.: “Learner English around the Word.” *In:* Greenbaum, S. (ed.): Comparing English Worldwide. The International Corpus of English. Oxford:Clarendon, 1996

Griffin, T.: “International Marketing.” Trowbridge:Redwood, 1993

Grimes, B. (ed.): "Ethnologue. Languages of the world." Dallas:Summer Institute of Linguistics, 1996 (http://www.sil.org/ethnologue)

Hahn, O: "ARTE. Der Europäische Kulturkanal. Eine Fernsehsprache in vielen Sprachen." München:R. Fischer, 1997

Huiping Wu.: "Das Sprachenregime der Institutionen der EU zwischen Grundsatz und Effizienz", Angewandte Sprachwissenschaft, Band 15, Hg.: Hoberg, R., Lang, 2005

Haugen, E.: "The ecology of language. Essays by Einar Haugen." Stanford:SUP, 1972

Hermanns, F.: "Attitüde, Einstellung, Haltung. Empfehlung eines psychologischen Begriffs zur linguistischen Verwendung". *In*: Chrubim, D. / Jakob, K. / Linke, A. (Ed.).: „Neue deutsche Sprachgeschichte. Mentalitäts-, kultur- und sozialgeschichtliche Zusammenhänge", Berlin/New York:de Gruyter (Studia Linguistica Germanica 64), 2002

Hinskens, F. / Hoppenbrouwers, C. / Taeldeman, J. (eds): "Dialectverlies en regiolectvorming" (=Taal en tongval 46), 1993

\- "Dialect Levelling in Limburg. Structural and Sociolinguistic Aspects.", Language Vol. 75, Nijmegen:KUN, 1992

Holmes, J.: "An introduction to sociolinguistics." London:Longman, 1994

Hout, R. van: "Artikelen van de eerste Sociolinguistische Conference"

\- "De structuur van taalvariatie. Een sociolinguistisch onderzoek naar het stadsdialect van Nijmegen." Nijmegen:Universiteit, 1989

Hout, R. van / Knops, U.: "Language attitudes in the dutch laguage area". Dordrecht:Foris, 1988

Irle, M. (ed.): "Kursus der Sozialpsychologie." Teil I: Theorie, empirische Forschung und Praxis; soziale Urteilsbildung und soziale Motivation, Soziologische Texte 106 neue Folge, Darmstadt:Luchterhand, 1978

Jaespert, K. / Kroon, S.: "The Relationship between Language Attitudes and Language Choice". *In:* Hout, R. van / Knops U., 1988

Kachru, B. B. / Strevens, P. / Ferguson, C. A. (eds.): "The other tongue. English across cultures." Urbana:UIP, 1992

Kelz, H. P.: "Die sprachliche Zukunft Europas", Baden Baden:Nomos, 2002

Knops, U.: "Andermans en eigen taal. De sociopsychologie van taal." Groningen:Wolters, 1987

- ”Attitudes van Vlamingen tegenover de Nederlandse standaardtaal”, Proefschrift Leuven, 1982

Knops, U. / Hout, R. van: ”Language attitudes in the dutch laguage area: An Introduction.” *In:* Hout, R. van / Knops, U., 1988

Korth, B. “Language Attitudes towards Kyrgyz and Russian”, Bern:P. Lang, 2005

Kremer, L. (ed.): “Diglossiestudien. Dialekt und Standardsprache im niederländisch-deutschen Grenzland“, Vreden:Landeskundliches Inst, 1991

Kremnitz, G.: “Sprachen im Konflikt.” (Tübinger Beiträge zur Linguistik 117), Tübingen:G. Narr, 1979

- “Gesellschaftliche Mehrsprachigkeit.”, Wien:Braumüller, 1994

Kuijper, H. / Münsterman, H.: „Verandering van taalattitudes in het onderwijs: enkele bevindingen in onderzoek en praktijk“. *In:* Taalnorm en Taalattitude. Toegepaste taalwetenschap in artikelen 16 A, nummer 2A, Amsterdam:VUB, 1983

Labov, W.: “Sociolinguistic patterns.“ Philadelphia:UP, 1972

Laucken, U.: “Sozialpsychologie: Geschichte, Hauptströmungen, Tendenzen.“, Oldenburg:BIS , 1998

Murchinson, C. (ed.): “A handbook of social psychology”. Worcester:CUP, 1935

Münstermann, H / Hout, R. v: “Language Attitudes and the Prediction of Dialect Use”. *In*: Hout, R. v / Knops, U., 1988

Mackey, W. F. : “The ecology of language shift.“ *In:* Nelde P. (ed.): Sprachkontakt und Sprachkonflikt, Wiesbaden:Steiner,1980

McArthur, T: “The Oxford Companion to the English Language“. Oxford:OUP, 1992

Moag, R. F. : “English as a Foreign, Second, Native, and Basal Language: A New Taxonomy of English-using Societies.” *In:* Pride, J. B. (ed.): New Englishes. Powley:Newbury House, 1982

Nic Craith, M.: “Europe and the politics of language”, Basingstoke:Palgrave MacMillan, 2006

Nelde, P. : ”Ecological Implication of Language Contact”. *In:* Nelde, P.H. / Sture Ureland, P. / Clarkson, I.: Language Contact in Europe. Proceedings of the Working Groeps 12 and 13 at the XIIIth International Congress of Linguists. (Linguistische Arbeiten 168), p. 111 - 124, 1982

- “Sprachkontakt und Sprachkonflikt.“ Wiesbaden:Steiner, 1980

- "Prequisitions for a European Language Policy". *In:* Ahrens, R.: Europäische Sprachenpolitik. Heidelberg:Universitätsverlag, 2003

Oksaar, E.: "Spracherwerb – Sprachkontakt – Sprachkonlikt." Berlin:de Gruyter, 1984

Oller, J. W. / Hudson, A. J. / Fis, O. F. (eds.): "Attitudes and Attained Proficiency in ESL: A Sociolinguistic Study of Native Speaker of Chinese in the USA." AnnArbor:MI, 1977

Parijs, P. van: "The ground floor of the world. On the socio-economic consequences of linguistic globalosation." Pre-version for an article in the International political Science Review 21.2, 2000

Pligt, J. van der / Vries, N.K.: "Opinies en attitudes: Meting, modellen en theorie". Amsterdam/Meppel:Boom, 1995

Romaine, S.: "Bilingualism". (Language in society 13), Oxford:Basil Blackwell, 1989

Sachdev, I. / Bourhis, R: "Bilinguality and Multilinguality". *In*: Giles H, Robinson P, (ed.): Handbook of Language and Social Psychology. London:Wiley, 1990

Schuman, H. / Presser, S: "Questions and Answers in Attitude Surveys. Experiments on Question Form, Wording and Context", New York:Academic Press, 1981

Strevens, P.: "English as an International Language: Directions in the 1990s." *In:* Kachru, B. B., 1992

Swaan, A. de: "The European Language Constellation." Papers in Progress, Amsterdamse School voor sociaal wetenschapelijk onderzoek, Amsterdam 1998

- "Language and Culture in Transnational Society." Papers in Progress, Amsterdamse School voor sociaal wetenschapelijk onderzoek, Amsterdam 1999

Sijs, C. vd. (ed.): "Taaltrots: Purisme in een veertigtaal talen." Amsterdam:Contact, 1999

Triandis, H. C.: "Attitude and Attitude Change". New York:J.Wiley & Sons, 1971

Taylor, S.E. / Peplau, L.A. / Sears, D.O. (eds.): "Social Psychology - 8th Edition." NewJersey:Prentice Hall Inc., 1994

Valleverdú, F.: "Kontaktsituationen: Bilingualismus und Diglossie." *In:* Kremnitz, G., 1972

Wandruzska, M.. “Die Mehrsprachigkeit des Menschen.“ München:Piper, 1979

\- “’Sprachkontakte’ bedeutet Sprachmischung”. *In:* Oksaar, E: 1984

Weinrich, U.: “Languages in Contact. Findings and Problems.“ Den Haag:Mouton 1969 (1st ed. 1953)

Wicker, A.W.: “Attitudes vs. actions: the relationship of verbal en and overt behavioral response to attitude objects.“ *In:* Journal of Social Issues 25 (4), p. 41 - 78. 1969

Wickert, U: “Frankreich. Die wunderbare Illusion”. Heyne:München (eerste druk: Hoofmann und Kampe:Hamburg, 1989), 1992

Wright, S.: “Community and Communication: The role of language in nation state building and European integration”, Multilingual Matters Series 114, 2000

Zanna, M. P. / Fazio, R. H.: “The attitude behaviour relation: Moving toward a third generation of research“. *In:* Zanna, M. P. / Higgins / Herman (eds.): Concistency in social behaviour: The Ontario Symposium (Vol.2), Hillsdale:Erlbaum, 1982